Rolf Friedrich Schuett

Ganze Halbwelt aus heilen Umwelten?

*Erfahrung, Hören, Sachlichkeit,
Sprache, Verstand und Technik*

Rolf Friedrich Schuett

Ganze Halbwelt
aus heilen Umwelten?

Erfahrung, Hören, Sachlichkeit,
Sprache, Verstand und Technik

Books on Demand

Bibliographische Information Der Deutschen Bibliothek:
Die Deutsche Bibliothek verzeichnet diese Publikation
in der Deutschen Nationalbibliographie; detaillierte
bibliographische Daten sind im Internet abrufbar über
http://dnb.ddb.de

Herstellung und Verlag :
BoD – Books on Demand, Norderstedt

Printed in Germany

ISBN 978-3-7543-1512-5

INHALT

Für Elke
in Liebe und Dankbarkeit

Erfahrungen machen oder sammeln?

Empirismus ist die Theorie, dass Theorien nicht
genügen und alles aus der Sinneserfahrung stammt
— außer der Theorie, *dass* alles aus ihr stammt.

Mach deine eigenen Erfahrungen,
besonders mit den Erfahrungen anderer mit dir.

Erfolg ist die Erfahrung, keine machen zu müssen.

Lebenserfahrung ist die Summe der erfolgreichen
Bemühungen, aus der Wahrheit eine Jugendtorheit
oder Kinderkrankheit zu machen.

Das Schicksal nimmt auch meinen Lebenslauf,
und Lebenserfahrung besteht nur darin,
sie für sich zu behalten.

Freiheit erfährt nichts, Bindung erlöst nicht.

Lebenserfahrung ist Wissen, wie der Igel läuft.

Kants Vernunft sprach viel von *Erfahrung*,
weil er wenig erlebte.

Neue Erfahrungen machen alte Leute
nur noch im Krankenhaus.

Selbst Erfahrung hofft auf Hoffnungen,
und Hoffnung lässt alle Erfahrung fahren.

Ich suche Vernunft und fliehe Rationalisten,
liebe Empiristen und fürchte die Erfahrung.

Wissenschaft ist (str)enger als Lebenserfahrung
und laxer als Logik : weder Witz noch Weisheit.

Was vorgestern wirklich passiert ist,
erfährt man nur von Propheten.

Wer auf Widerstand stößt,
erfährt eher die Wirklichkeit
als die Wahrheit über sie.

Liebe 2000 : Selbsterfahrungskurs
zwischen Autisten.

Freiheit flieht Erfahrung,
und was du schneller umkreist, flieht dich.

Jugend ist tot, die nicht mehr als die Erfahrungen
der Alten vor sich hat.

Vernunft ist *ultima ratio* der rationellsten Verfahren.

Ich spreche nicht aus Erfahrung,
sondern aus Erfahrung nicht.

Erfahrungen macht man nur in Fahrtrichtung.

Erfahrungen wollen erflogen, erlaufen
und ersessen werden.

Jugend macht Erfahrungen, doch nur per Anhalter.

Der Geist erfährt sein Gegenüber
wie ein Geisterfahrer den anderen.

Seine Mutter hätte ihren Stalin abtreiben sollen,
aber dann nie erfahren, weshalb.

Der menschliche Geist macht auf dem Lebensweg
Erfahrung weniger mit Geistern
als mit Geisterfahrern.

Wer alles erfahren will, darf sich kein Haus bauen.

Eigene Erfahrungen wollen sich Denken sparen.

Das Kind der Erfahrung und Prinzipien
wird mit dem Bad der Traditionen
und Konventionen ausgeschüttet.

Gebranntes Kind scheut das Feuer:
Nur Schisshasen haben Erfahrung.

Wer endlich genügend Erfahrung hat,
hat heute schon zu viele Kenntnisse,
die nicht mehr gebraucht werden,
um rasch genug Platz für neue zu haben.

Kant erkannte, was die Dinge für Naturwissen-
schaftler erfahrbar macht, aber was macht sie
machbar, wünschbar, denkbar oder vermeidbar
für natürliche Leute?

Apriorität. Seit Kant können Erfahrungen
nur gedeutet werden durch Unerfahrbares.

Ungebildete können ihre Liebes- und Lebenserfahrungen schlecht auswerten,
Belesene überschätzen sie.

Kultur : Hundert Talente müssen in hundert Jahren
mehr erkennen und ausführen, als ein Genie
in einem Leben erfahren und ausdrücken kann.

Die Grenze meines Erfahrungsvermögens ist
unerfahrbar und die Erfahrung meiner Grenzen
selber begrenzt.

Meist schufte ich, um den Lebenserfahrungen
zu vieler Arbeitspausen auszuweichen.

Der Dritte Stand beneidet die Hungrigen
der Dritten Welt um ihre *authentischen
Extremerfahrungen*, und Langeweile belebt sich
am satten Blick auf Elendsviertel.

Jede tiefe Erfahrung verhütet weitere,
jedes flache Erlebnis erzeugt weitere.

Martin Walsers schreibfreudigste „Mangel-
erfahrung" unterscheidet sich von der seines
Vorbilds *Robert W.* dadurch, niemals genug
Mangel zu leiden und eben daran zu leiden.

Wer die Anthropologie auf „unwillkürlicher"
Lebenserfahrung aufbaut, übersieht leicht,
dass „verkünstelte" Willkürakte schließlich
auch zur menschlichen Natur zählen.

Erfahrungen können ein Weltbild widerlegen
nur zusammen mit einem besseren.

Aristoteles ging mit sinnlicher Erfahrung gegen
platonische Liebesideen, spätere Experimente mit
platonischen Zahlen gegen Substanzempirie.

Man macht Erfahrungen, um keine Erkenntnisse
gewinnen zu müssen, und umgekehrt.

Mach nur Erfahrungen, die dir zeigen,
welche nicht gemacht werden müssen.

Selbsterkenntnis : Du machst Erfahrungen mit den
Lebenserfahrungen, die mit deinen gemacht werden.

Wer Erfahrungen macht, ist selten genötigt,
Neues zu lernen, sondern entdeckt in sich
einen bisher Unbekannten, der sich durch
frisch Erfahrenes voll bestätigt fühlt.

Der Alte erfährt seine Unfähigkeit, noch Erfahrungen zu machen, der Junge ist nicht unerfahren, aber
noch stärker als seine Erfahrungen und überfährt sie.

Was Unverständigen die Erfahrung sagen muss,
sagt Unerfahrenen noch nicht der Verstand.

Keine Phantasie ohne Gedächtnis, keine Erinnerung
ohne Einbildung, keine Erfahrung ohne Sehnsucht,
doch Hoffnung trotz Erfahrung!

Könnte man Erfahrungen *machen*,
würde man nie etwas er-fahren.

Wie hängen begriffliche Zusammenhänge zwischen
Erfahrungen mit empirischen Zusammenhängen
zwischen Begriffen zusammen?

Die ewige Idee ist fast immer eine Parodie
auf ihre parodierende Erfahrung.

Wer Erfahrung hat, macht weniger Fehler,
wenn er Erfahrungen macht.

Erfahrung brauchte Schifffahrt, Pferde oder PS,
heute wird die Welt erwandert und erflogen –
oder erschlichen und erstanden.

Von Sinnerfahrungen gibt es gar keine Sinneserfahrungen, und gäbe es nur Sinneserfahrungen,
ließe sich das nicht sinnvoll ausdrücken.

Machst du die Erfahrung, sie machen zu müssen,
ist es dafür meist schon zu spät.

Erstmals erfahren nun Physiker von unbelebter
Natur mehr als Geisteswissenschaftler
von menschlicher Natur.

Praxis bestätigt empirisch widerlegte Theorien,
und Erfahrung bewährt praktisch widerlegte Theorien.

Der Irre zieht seine eigene Wahrheit der Erfahrung
von Milliarden Menschen vor, doch diese irren viel
seltener gegen ein einziges Genie.

Reden, Sprechen, Sagen, Quatschen
Kleine Sprachlehre

Mein Wort will keine Leser verletzen,
sondern nur ihr dickes Fell zeigen.

Sprachlosigkeit spricht eine deutliche Muttersprache,
die nur in unangenehme Tatsachen zu übersetzen ist.

Mehrsprachiger Egoismus kommt
der Nächstenliebe am nächsten.

Heute liest man von Sprechhandlungen,
wie man früher von Buchhandlungen sprach.

Aphoristiker hängen am Minirockzipfel
der Muttersprache, und vor Breviloquenz
sind Logik und Linguistik nur *Logorrhoe*.

Jedes Podest, von dem wir zu Leuten sprechen,
besteht aus Leichen von ihnen.

Die Kultur ist noch lange nicht untergegangen.
In Comic-Heften kommen noch Sprechblasen
an die Oberfläche.

Freud dachte hoch von den Menschen:
Sie halten ihre Versprecher.

Für Realisten ist die Welt im Arsch,
für Idealisten im Unaussprechlichen.

Das einzige Paradies auf Erden ist die Kultur,
also die Möglichkeit, in der Hölle ganz ruhig
über ihre Ursachen und Folgen zu sprechen.

Für die Demokratie spricht, dass ein Volk
es darin schlechter hat als unter guten Tyrannen.

Mir sagt ja keiner, wovon man nicht spricht!

Gegen den *Positivismus* spricht, dass jemand,
der sich durchaus nicht selbst widerspricht,
damit noch nicht seinen Herren widersprochen hat.

Moderne Gespräche sind di-alogisch.

Für den Individualismus spricht ja nicht nur,
dass auf einen einzigen Knopf nicht tausend
Menschen gleichzeitig drücken können.

Psychotherapeuten leihen uns ihr Ohr
zu Wucherpreisen, um uns zu dem zu überreden,
was wir sowieso wollen.

Niemand redet schlecht von sich.
Er muss Heidenangst haben vor sich.

Wer nicht handwerken und schießen, nicht lesen
und schreiben, reden und rechnen kann,
ist noch kein Intellektueller.

Wir essen und sprechen mit demselben Organ,
wir pissen und zeugen mit demselben Organ.
Mit vollem Mund soll man nicht reden.

Philosophie ist eine Alternative zur bloßen Alternative von materialistischen Reden über Geister
und geistreichen Reden über materielle Dinge.

Feminismus ist kein Matriarchat,
er redet den Frauen nicht nach dem Muttermund.

Arme haben ihren Hunger so satt
wie unser bildungshungriges Gequassel über ihn.

Dimensionen : Alles wird lang und breit zerrredet,
und was uns zu hoch ist, das nennen wir Tiefe.

Wer keine faulen Reden mehr hören will,
will schon fleißige Untaten sehen.

Wer genau wüsste, wovon die Rede ist,
müsste gar nicht davon reden.

Intellektuelle sind Leute, die Leute dazu überreden,
sich von keinen Leuten zu nichts überreden zu lassen.
(Freiheit : Niemand hängt ab von niemandem,
aber jeder von der Unabhängigkeit von jedem.)

Früher wurde von Moral geredet,
um nicht vom Fressen reden zu müssen.
Heute ist es umgekehrt; das ist der Fortschritt.

Wer beim Arzt Aaaa sagt, muss auch B handelt
werden, und wer als Kind A-a sagt,
muss später auch Bäh-bäh sagen.

Niemand redet schlecht von sich.
Er muss Heidenangst haben vor sich.

Ein Humanist ist ein Mensch, der Gespräche von
Gläubigen mit ihrem Gott auch dann für sinnvoll
hält, wenn es Selbstgespräche sein sollten.

Literaturwissenschaftler reden über Leute,
die mit ihnen reden.

Wer Abel sagt, muss auch Bebel sagen?

Die Welt liegt nur im Argen,
das jeder im Schilde führt, sagen Schildbürger.

Wer beweisen will, dass Linke immer versagen,
darf ihnen gar nichts versagen.

Ja, ja, ja, ich sage ja schon Nein!

Wenn jede Frage die Antwort auf eine Antwort ist,
dann ist jede Antwort die Nachfrage
nach einer Nachfrage oder Verantwortung.

Ärzte können sagen, was sie wollen,
aber es gibt zu wenige Kreislaufstörer.

Wenn Materialisten die Wahrheit über Ideale sagen,
sagen nur Idealisten die Wahrheit übers Materielle.

Die Grund-Lage des Lebens ist die Niederlage,
sagen Versager (sagen Sieger).

Der Beständige ist schon ein Toter,
sagt der Unzuverlässige.

Schon einfache Aussagen gehören zu den Sagen.

Praxis : intellektuelles Reizwort zur Verunglimp-
fung intellektueller Tätigkeit durch Intellektuelle.

Am Anfang war die Antwort, ohne Frage.
Am Anfang war das Wort für die Tat und die Sache
selbst genommen. Am Anfang war das Wort.
Das Wort war „Fleisch" (oder „Wort").

Antworten stellen Fragen — wie Verbrecher.

Worte geben die Welt dadurch wieder,
dass sie sich ihr nicht anpassen.

Nicht verantwortlich? – Du kannst etwas dafür,
dass du für alles nichts kannst.

Jeder ist verantwortlich für eine Welt,
in der niemand für irgendetwas verantwortlich ist.

Ratio in kleinsten Rationen. Ein Aphorismus ist ein
Auseinandersatz, der viele Worte verliert : die kürzeste Verbindung zwischen zwei Verstandpunkten.

Jeder Erkenntnistheoretiker hat den Grundsatz:
Zur Sache, Wort- und Antwortschätzchen!

Mathematik, angewandt auf Sprache, ist Logik.

Sprache ist lieber widerspruchsfrei,
als Widersachern zu widersprechen.

Ungenaues Wort trifft die Welt genau,
exakte Sprache nur die ungefähre Sache.

Ein Aphorismus definiert,
was der Definition entgeht oder widerspricht.

Das Wort zum Werktag spricht der arme Teufel.

Nicht alles, was gegen Widersprüche spricht, ist
schon logisch, doch was für Widersprüche spricht,
noch psychologisch oder soziologisch.

Menschen sind stets im Gespräch −
von Gott und Satan wie übereinander.

Entweder kommt man nicht ins Gespräch
oder nicht ins Gerede oder nie ins Geschäft.

Sie reden viel : Greise, weil sie nichts mehr,
und Kinder, weil sie noch nichts zu sagen haben.

Sadisten sagen immer die Wahrheit.

Lässt sich über das Neue noch Neues sagen?

Sagt der Lügner, er sei einer, ist er keiner.

Logik, Lyrik und Musik sind eins : Sie haben
keine realen Objekte und nichts zu sagen.

Junge wie Alte reden so viel,
weil sie nichts zu sagen haben.

Wer die Wahrheit über Flüsse sagt, vereist sie.

Wer nichts mehr zu sagen hat, hat vielleicht
schon alles gemacht und ausgeplappert.

Wenn Engel nur verkleidete Teufel sind,
sind Lügner noch keine verkleideten Wahrsager.

Sagt das Tote die Wahrheit,
wenn das Leben lügt und trügt?

Man wird bald jede Vergangenheit weissagen.

Ich lüge nie. Außer, wenn ich wahrsage.

Übers Verschweigen lässt sich am meisten sagen.

Wer „nichts" sagt, sagt nicht gar nichts.

Es ist nicht alles Gold, was schweigt,
und nicht alles zu versilbern, was geredet wird.

Verschweigen belebt Gespräche am besten.

Genug geredet : Von Haar- zu Schädelspaltern!

Ein Kind redet offen, ein Großer öffentlich.

Gegen Bewegungsmangel hilft, vor jedem Gerede
(nicht nur darüber) immer schleunigst wegzulaufen.

Wittgenstein? Worüber man nicht reden kann,
das kann man nicht denken, also noch vertun.

Redliches Handeln weist bloßes Reden
von der Hand.

Wer zu präzise über Gefühle sprechen kann,
redet oft zu vage über exakte Wissenschaften.

Die Wahrheit besteht im Leben oft darin,
dass man über Unsinniges auch nur Unsinn redet.

Ich verstehe deine Worte, aber nicht dein Handeln,
das du damit schönredest.

Verantwortungsvolle Antworten stellen Fragen
in Frage.

Das Wort für Ruhe stört sie schon.

Antworten suchen oft zu gelösten Fragen
die passenden Probleme.

Antworten auf Fragen nur Abstimmungen,
stimmt bestimmt nichts – als das Überstimmte.

Eine Republik ist Freiheit von ungleichen
und Gleichheit von unfreien Brüdern,
die sich nur mit Schlagworten erschlagen.

Schuldlos schuldig? Wer verantwortet, dass
Ursachen für Wirkungen verantwortlich sind?

Arbeitsfriede kriegt ewig Krieg mit Gottes Wort.

Wer Taten sprechen lässt, handelt mit Worten.

Das letzte Wort behält nicht mal die Nachwelt
der Nachwelt, sondern der erste Vorfahr.

Jeder trägt die Verantwortung für die Welt –
zum Übernehmer.

Der Abgrund zwischen Wort und Tat schrumpft
zum Haarriss zwischen Gerede und Getue.

Der Aphoristiker sagt ein letztes Wort
nach dem andern.

Menschen schaffen Worte, um die Welt zu erfassen;
der Ewige erschafft Welten, die Sein Wort erfassen.

Ideen müssen sich vor keinem Menschen verantworten, der sich vor ihnen zu verantworten hat.

Zur Weltliteratur fehlen mir die Ohnmachtworte.

Vor Gott und dem Gesetz
sind nicht alle Worte gleich.

Es gibt keine neue Idee,
doch viele neue Worte dafür.

Ein Wortschatz, den niemand sucht,
ist am sichersten.

Zehn Worte sagen mehr als ein Bild neuester Maler.

Aus den wenigen Worten, die der Aphorismus
verliert, werden viele ganze Romane gemacht.

Geflügelte Worte : Gestutzte Gedanken.

Verlier viele Worte darüber,
dass du keine Worte findest!

Zu viele Aphoristiker machen wenig Worte,
doch zu viele Aphorismen.

Schiller? Nie fertig ist das Alter mit dem Wort.

Spricht dein Werk, kommst du nicht zu Wort.

Wie zieht man jemanden zur Verantwortung,
die er trägt?

Verstehen kann ich mich nur durch Worte
und euch nur ohne Worte.

Kunst übersetzt die Rhetorik der Natur
in die Muttersprache der Notlügen.

Der Mensch braucht die Sprache,
die Menschheit braucht die Schrift.

Er weigerte sich immer, Tieren, Pflanzen und Steine
sprachlich zu bestimmen. Das kam ihm vor, als
würde er Atomen verschiedene Eigennamen geben.

Verhält sich Gott zum Gen
wie die Sache zur Sprache?

Sprachtechniker züchten schon missbrauchs-
resistente Wörter und irrtumsresistente Sätze.

Zur Sache? Sprache auf den zweiten Blick

Die Sprache gibt die Sache wieder – an uns zurück.

Wer Weltkriege gewinnt,
lernt keine Fremdsprachen.

Ersetzt Musik oder Mathematik die eine Welt-
sprache *vor* dem Turmbau von Babel? Das eine
macht zu viele dumm, das andere zu wenige klug.

Sprache heißt : Der Mensch ist ein Maulheld,
der vom Maulaffen abstammt.

Auch Selbstgespräche bitte nur am Flatrate-Handy!

Gespräche vertiefen ein Thema, um es zu begraben.

Kommunikation : Selbstgespräche der IT-Branche.

Ein Aphorismus ist ein ganzes Streitgespräch
in *einem* Schlusssatz.

Nie ist die Rede von einem Kultstatus
der Hochkultur.

Ursprung des Computers : „Deine Rede sei ja, ja,
nein, nein, alles darüber ist von Übel."

Redende und Lügende werden berechnet,
Schweigende gefürchtet.

Ob wohl alle mithören wollten,
wenn alle mitreden könnten?

Das Argument des offenen Ohrs
überredet jedes Schweigen.

Zweck vieler Bemühungen ist die Genugtuung,
sich redlich bemüht zu haben.

Flüssige Rhetorik überredet unredlich,
linkisches Gestammel überzeugt authentisch,
stottert man hierzulande.

Worüber man nicht reden kann,
davon darf man quatschen.

Mancher Redner verschweigt nichts
als sein Schweigen.

Man redet viel von Gottes Schweigen
und verschweigt Seine vielen Reden.

Geisteswissenschaften wissen Geistreiches
gründlich unter den Teppich zu zerreden.

Dinge schweigen, als könnten sie reden.
Leute verstummen, als hätten sie nichts zu sagen.

Der stumme Eigenbrötler nimmt nur seine Rede-
und Versammlungsfreiheit in Anspruch.

Manches Schweigen ist zu weitschweifig,
und mancher redet sich taubstumm.

Dass wir alle dauernd miteinander reden (sollen),
spricht ja gegen uns und sagt gar nichts.

Am beredtesten ist das Verschweigen großer Werke,
die uns nichts sagen (sollen).

Heutige Satzungen sprechen Gottes Gesetz
nicht frei.

Der Aphoristiker, ein Fürsprecher der Widersprüche, hat Vorsprung, wo er größere Sprünge in
kleineren Sätzen aus den Ursprüngen heraus macht.

Nur Menschen können sprechen, nur sie können
ihre Gedankenlosigkeit nicht verbergen.

Rede mir nie ins Gewissen,
wenn du ein schlechtes hast!

„Man wird doch wohl wenigstens noch sagen dürfen, dass man vieles gar nicht mehr sagen darf ?!“

Wer nichts zu sagen und zu melden hat,
hat vielleicht mehr zu schreiben.

Der Prophet kann heute vorhersagen,
was er übermorgen vorhersehen wird.

Sagt Kunst dir nichts, was du sagen kannst,
hast du nur zu gut verstanden.

Liegt der endgültige Beweis jeder Aussage
im Jenseits?

Wer Kindern alles oder nichts verspricht
und versagt, hat versagt – sagt man.

Wer sich nichts vorsagen lässt,
muss sich vieles nachsagen lassen.

Wer A sagt, muss nicht A gemeint
und gesagt haben wollen.

Die Wahrheit ist zu sagen nur unter Folter,
nie über Folterer.

Jeder hat was zu sagen,
und sei es nur die Unwahrheit.

Die Natur sagt nicht „Ich“, sie hat mit uns nur noch
eins gemeinsam : Sie sagt „ $E=m*c^2$ “.

Die längste Leitung hat der Leser
des kürzesten Spruchs.

Kein Urteil ist ein Freispruch.

Die Logik ist voller Widerspruch –
zu allem, was sich widerspricht.

Für Aphoristiker spricht nichts gegen Widersprüche.

Kleinste Aphorismen machen die größten Sprüche.

Mancher wird von Ideen beherrscht,
bevor er die Sprache beherrscht.

Sprache, Mimik und Musik wurden uns gegeben,
um Gedankenlosigkeit nicht verbergen zu können.

Die klare Sprache verschweigt die unklare Sache
und umgekehrt.

Wird die Sprache transparent für die Sache
oder die Welt für das Wort, und ist Transparenz
selbst eine durchsichtige Sache?

Wer nicht fragen kann, erhält zu viele Antworten.

Die meisten Selbstgespräche finden
zwischen Unbekannten statt.

Manche Worte haben so viel Gewicht,
dass ihr Autor leichtfüßig bleibt.

Worte geben Widerworte, auf Satz folgt Gegensatz,
auf Spruch Widerspruch, auf Macht Gegengewalt;
Nuancen brauchen etwas länger.

Dichter haben neue Worte für alte Dinge,
Denker uralte Worte für neueste Dinge.

Ganz Neues erklärt man nicht
durch ganz neue Worte dafür.

Je mehr Selbstverantwortung für dich,
desto mehr Antworten vom Coach.

Freuds „cloudy talking" 2000:
Der Coach hinter der Couch.

Die platonische Idee verhält sich zur virtuellen
Realität nun wie Schlagsahne zum Schlagwort.

Im lieben Nächsten lieben wir weniger
die Antworten auf unsere Fragen als die Fragen
nach unseren Antworten.

Dass fertige Fragen weniger fragwürdig sind
als offene Antworten, wurde längst fraglich.

Geist ist seit langem ein Fremdwort
für einen Fremdkörper.

Nach Freiheit ruft, wer widerspruchsfreien
logischen Gesetzen zwanghaft widerspricht.

Die Welt ist voller Widersprüche.
Wie kann da eine Theorie wahr sein,
die es nicht einmal zu Widersprüchen bringt?

Die meisten Rezepte sind geeignete Grabsprüche.

Ein großer Band kleiner Sprüche spiegelt getreu
den Riesenkosmos winzigster (Ur-)Teilchen.

Wer mir ins Gewissen schweigt,
spricht mir aus dem Herzen.

Wenn alle dagegen sind, muss etwas daran sein,
und wenn alle dafür sind, spricht zu viel dagegen.

Wer eine vorherrschende Sprache beherrscht,
hat noch lange nichts zu sagen und kann noch
lange nicht mitreden.

Lyriker übersetzen das "Ach und Oh!"
des Steinzeitmenschen in heutige Sprache.

Die weite Welt verschlägt dem Aphoristiker
die Sprache der dicken Wälzer.

Die Vatersprache gilt immer noch
als (schwierigste) Fremdsprache.

Seit dem *linguistic turn* gibt es nur noch Sprach-
philosophien der Aphasie, der Sprachdenkmäler,
der Sprachräume und -rohre, der Sprachgrenzen und
-fehler, Einspruchs- und Widerspruchsphilosophien.

Man ist ein Kind von Muttersprache und Vaterland.
Ernster mit dem *linguistic turn* in der Philosophie
machten Heideggers Etymologien als Wittgensteins
Sprachspiele.

Man kann Sprachen verkomplizieren,
ohne komplexen Sachen näher zu kommen.

Willst du Gottes Gedanken verstehen,
übersetze die Muttersprache der Gesetze
in die Fremdsprache der Zufälle.

Was die Sprache von einer Sache aussagen will,
kann ein Begriff nur von einem Begriff aussagen.

Prosa verwandelt eine Sache in Sprache,
Poesie die Sprache in eine Sache oder Ursache.

Wer nichts zu sagen hat, muss nicht schweigen
oder stumm sein, doch ein Autor kann mit vielen
Worten sagen, was ihn ganz sprachlos macht.

Umgangssprache : Umgehungssprache.

Gewöhnlich reden Aussagen sich aus
ihrer Sprachlosigkeit heraus.

Übt das freie Wort Macht aus,
hat freie Macht sich der Sprache bedient.

Es gibt keinen üblichen Sprachgebrauch,
wie man über ihn spricht.

Je klarer die Sprache, desto unklarer die Sache,
und umgekehrt.

Aphorismen heben Widersprüche nicht metasprach-
lich auf, sondern ans Licht. Ihre Muttersprache,
als Metasprache aller Metasprachen, verbirgt
zahllose Widersprüche auch der Realität.

Die Muttersprache ist Metasprache der Logik,
die Metasprache aller Wissenschaftssprachen ist,
die Metasprachen aller Umgangssprachen sind.

Wer über Formelsprachen der Physik spricht,
formuliert eine Metaphysik, aber Metaphysiker
müssen nicht metaphorisch über Physiker reden.

Wer sich widerspricht, rühmt sich als Dialektiker;
wer sich nie widerspricht, wird als Positivist gerügt.

Der Egoist denkt an sich und redet
von anderen, der andere spricht von sich
und denkt an mich.

Ein bedrücktes Künstlerleben glückt,
wenn der Ausdruck seines Misslingens gelingt.
Wer es ungekünstelt kunstvoll aussagen kann,
widerspricht seinem Versagen.

Der Aphorismus spricht lieber kurz über alles
als zu lange über gar nichts.

Dialektisch redet noch nicht, wer sich immer
widerspricht und doch nie widerlegt.

Im Witz fällt ein Individuum unter einen Begriff,
dem es widerspricht, indem es einen anderen Begriff
sprengt, dem es entspricht.

Wie kann noch Menschenaffe sein,
wer über ihn spricht und schreibt?

Literatur kommt von bered(e)tem Schweigen.

Zerredet ein Problem von allen (Buch-)Seiten,
um die Pointe besser verfehlen zu können!

Auch Taubstumme genießen Redefreiheit.

Manche Weisheiten überzeugen,
und alle Beweise überreden.

Wenn Politiker, Philosophen und Journalisten
argumentieren, überzeugen sie eher davon,
mich überredet zu haben, als dass sie mich
überreden, überzeugt zu sein.

Fast alle sagen freiwillig das Gleiche
und führen so ihre Redefreiheit ad absurdum,
die wohl nur deshalb gewährt ist.

In manchen Philosophien kann ich schwer unter-
scheiden zwischen einem Beweisgrund, der mich
überredet, und einer Rhetorik, die mich überzeugt.

Üble Nachrede sagt dir das übliche Gute nach.

Herren lieben lange Reden und kurze Kommandos.
Knechte sollen sich kurzfassen und doch nicht
in Bonmots reden.

Die Rede, in die ich mich hülle,
ist das undurchsichtigere Schweigen.

Geist überredet, Machtwort überzeugt.

Beredtes Schweigen – große Scheuklappe.

Ein Man, ein Schlagwort, ein Weib, ein Machtwort:
Lieber nichts als gar nichts!

Wer stillschweigt, kann redlich und
der Lautsprecher ein unlauterer Charakter sein.

Zusagen sagen uns mehr zu
als Zuspruch und gutes Zureden.

Worüber Deutsche nicht zu wenig reden,
reden sie zu viel, um es zu kultivieren.

Wer allen nach dem Munde reden will,
verteidigt Fraß und Suff, Sex und Sport
gegen bloße Rhetorik der Quasselbuden.

In der Demokratie kann ich heute alles sagen,
weil ich nichts zu sagen habe, und Autoren,
die nichts zu sagen haben, schreiben am liebsten
nach Diktat eines Diktators.

Erst denken, dann handeln? Erst reden
und schreiben, dann nichts mehr tun!

Ausredenlassen heißt Ausreden hören.

„Zur Sache!" ruft der Redner.
„Zur Rednerschule!" ruft der Sachkundige.

Kinder und Greise reden viel, weil sie
noch nichts oder nichts mehr zu sagen haben.

Konstruktive Kritik äußert sich gern
in vernichtenden Lobreden.

Auch Stammeln kann lügen und ein guter Redner
redlich sein.

Wer mehr sagen will,
darf nicht zu viel zu sagen haben.

Die ganze Wahrheit über das Sein könnte
kein *Heidegger* sagen, sondern nur das Nichts,
und das hat auch bei ihm nichts zu sagen,
doch Nichtssagendes wird vielsagend.

Auch schon einfache Ansagen und Aussagen
gehören zu den Sagen.

Ereignisse im nächsten Jahrhundert lassen sich
leichter voraussagen als solche im nächsten Jahr.

Mach deine Aussage zur Sache, und
die Wirklichkeit sagt der Aussage die Wahrheit,
aber nicht die Wahrheit der Aussage.

Originell sein heißt besser denken, was keiner sagt,
und besser sagen, was alle denken.

Freier künstlerischer Ausdruck lässt sich
von vielsagenden Eindrücken gekonnt beherrschen.

Denken ist kein stilles Selbstgespräch derer,
die sich nichts zu sagen haben, aber *Kommunikation*
ein vorlautes Denken derer, die lieber vorsagen
als nachdenken wollen.

Ehe die Sprache konkrete Details auf blutleere
Begriffe bringt, sollte sie die aus vollen,
vielsagenden Gesamteindrücken herausziehen.
Das gilt auch und gerade für *Dichter und Denker*.

Einsilbig nichtssagend : *Views from nowhere ...*

Jeder sagt dir Besseres ins Gesicht,
als du ihm in den Rücken denkst.

Was ein Physiker über die Natur sagt,
sagt wenig über ihn. Was du von dir denkst,
sagt mehr über die Welt.

Wer eine finstere Zukunft weissagt,
kann nicht als Prophet gelten.

Solange dir jeder die Wahrheit sagen kann,
gehörst du noch zu den Bediensteten.

Im Namen des Volkes. Privilegierte haben etwas
zu sagen : „Wir sind das Volk!"

Alles Nichtssagende sagt alles,
alles Vielsagende viel weniger.

Ein Schlag- und Schimpfwort sagt mehr
als tausend Vor- und Weltbilder.

Wer aus Vielsagendem Widersprüchliches macht,
ist noch kein Dialektiker oder Ästhet.

Prinzipiell Unwiderlegbares ist nichtssagend
und Zuvielsagendes unentscheidbar, aber welche
Formen der Unmöglichkeit sind möglich?

Wer viel redet, sagt nichts Vielsagendes,
doch viel Nichtssagendes.

Der Aphoristiker verliert so wenige Worte,
dass er das letzte behält.

Heidegger : Das Nichts sagt gleich alles,
wo das All nichts mehr besagt.

Nichts wirkt vielsagender als vieles Nichtssagende
und nichts nichtssagender als vieles Vielsagende.

Eine Sentenz, die drei Sätze zugleich sagt,
ist wie ein Gemälde, das drei Bilder zugleich zeigt.

Heute darf man eher die Wahrheit sagen
als wahrsagen, aber nur noch sie.

Wer nicht alles sagen muss,
kann ehrlich bleiben.

Widersprüchlichkeit wurde zum kürzesten Weg
des geringsten Widerstands.

Sprechen heißt Sprüche machen,
die keinen Widersprüchen widersprechen.

Aphorismen heben Widersprüche nicht metasprach-
lich auf, sondern ans Licht. Ihre Muttersprache,
als Metasprache aller Metasprachen,
verbirgt unzählige Widersprüche

Dass es Widersprüche in Sache und Sprache gibt,
ist noch keiner.

Der Autor zeigt nichts als sich in seinem Wort.

Denken : Durch Antworten in Frage stellen
und durch Fragen beantworten.

Letzte Worte vor dem Tod sind schon erste Worte
vor dem Jüngsten Gericht.

In Worte fassen Denker,
in Worte verwandeln Dichter die Welt.

Klugheit gibt bessere Antworten,
Torheit stellt bessere Fragen.

Am Anfang war das Wort, welches das letzte Wort
– für sich – behält, das Fleisch wird.

Die besten Worte finden sich immer
für nicht so gute Gedanken.

Jeder hat immer nur das Wort,
das die große Welt ihm gibt.

Es muss (wahre) Worte geben,
um nur bezweifeln zu können, dass es sie gibt.

Res, non verba : Schlagstöcke, nicht Schlagworte?

Jasager können auch Brautleute vorm Standesbeam-
ten sein, *Neinsager* auch Rassisten vorm Fremden.
Jeinsager vor allem gibt es am meisten.

Geschichtsbücher : Viel Lärm um Nichtiges,
viel Schweigen um richtiges Wichtiges.

Schweigen (des Knechts) ist Gold (des Herrn).

Flieht in tote Sprachen,
um nicht in Alltagsgesprächen zu verrecken!

Ist Erkenntnis Anpassung eindeutiger Sprachen
an vieldeutige Sachen?

Man lässt sich eher die Sprache als die Sache
und Ursachen durch den Kopf gehen.

„Mein ist die Sache, Mache und Lache,
dein ist die SpRache", sprach ich.

Ein Freispruch ist Begnadigung oder Justizirrtum.

Durch Gedichte und Aphorismen spricht nicht Gesellschaft, sondern ein Individuum *in* ihr *gegen* sie.

Utopisch : vorhersagenumwoben.

Was für oder wider einen Aphorismus spricht,
kann zugleich wahr sein.

Wahrheit sagt etwas über die Sache,
Irrtum oder Lüge über den Sprecher.

Denken : Mal etwas mehr und anderes zu sagen
haben als nur die eigene Meinung.

Wann werde ich alles gesagt haben, was nur
auf meine Weise von der Welt zu sagen war?

Wahre Aussagen sind Klarsichtpackungen.
Sieht man ohne sie die Inhalte noch besser?

Je weniger mehr zu sagen,
desto altersgeschwätziger!

Danksagung erspart keine Gegengeschenke.

Schreib : Gib deiner Sprache Gelegenheit, durch
deine Feder hindurch sich in (dem Verstand) ver-
ständlichen Aussagen zur Sache zusammenzufügen!

Künstler reden von Geld, Geldleute von Kunst.

Tausend Bilder ersetzen heute *ein* Fremdwort.

Wahres Wort passt der Welt sich an wie der wahr-
haftige Sprecher der falschen Gesellschaftssprache.

Ich kam zu Wort, zu Potte und auch zur Welt,
doch nie ihr zu Ohren und zupasse.

Subjekt(iv) oder Objekt(iv)?

Knechte müssen objektiv sein,
Herren dürfen subjektiv sein.

„Alles ist subjektiv." — Schön wär's ja.

Objektiv sein heißt, eine Satire gut finden
zu müssen, nur weil man ihr Objekt ist.

Selbstlosigkeit ist die Objektivität
von Millionen, Subjektivität ist die Sachlichkeit
von Millionären.

Objektivieren heißt heute, subjektive Autonomie in technischen Objekten zu automatisieren.

Subjekte der Geschichte enden als Objekte
der Historiker, doch wann schreiben ihre
Objekte die Geschichte endlich selbst?

Ist meine farbige Subjektivität nur ein Teil der
objektiven Fakten oder die objektive Welt bloß
ein blasser Ausschnitt unserer Subjektivität?

Logik, Lyrik und Musik sind eins: Sie haben
keine realen Objekte und nichts zu sagen.

Du bist Subjekt nur für dich,
Objekt aber für alle (Subjekte).

Es ist subjektive Ansichtssache, ob Objektivität
möglich sei, aber es steht objektiv fest, dass es
so etwas wie meine und deine Subjektivität gibt

Objekte siehst du nur subjektiv,
andere Subjekte höchstens von außen.

Bestimmte *Kant* nur subjektiv, dass seine Subjektivität die objektive Welt bestimmt, und weiß
er objektiv, dass er die Dinge nicht objektiv
sieht? Es könnte mir ja nur so erscheinen,
dass an sich nichts so ist, wie es mir erscheint.

Kant untersuchte die Welt objektiv
aus der Perspektive aller möglichen Subjekte,
nicht sich selbst aus seinem oder dich
aus deinem Blickwinkel.

Ohne Sexualobjekte gibt es so wenig Liebe
wie ohne Sexualtabus.

„Alles ist subjektiv" ist vielleicht selber
subjektiv, also ist es nicht subjektiv,
dass es Subjektives und Objektives gibt
wie Subjekte und Objekte.

Je objektiver du die Welt siehst,
desto subjektiver kannst du sie formen,
und je subjektiver du sie verzerrst,
desto objektiver beherrscht sie dich.

Die „objektive Gültigkeit" der rationalen
Denkkategorien allerdings entstammt einer
Subjektivität, die *Intersubjektivität* sein muss:
Cogito als Cogitamus, allgemeines Bewusstsein
aller Erdenkinder.

Blaue Bohnen oder blaue Blumen? Marx
verheimlichte, dass die entfremdete Subjektivität von Hegels Dialektik mit der ent-
fremdeten Objektivität der Gesell(en)schaft
im unheimlichen Altersheim der Weltge-
schichte heimisch werden.

Sind Taten zuständig für subjektive Zutaten
zu objektiven Zuständen? Wer Objekte nicht
subjektiv beeinflusst, hat sie noch lange nicht
objektiv erkannt.

Wir können alles, was unser Verhalten
als Subjekte bestimmt, so viel und so wenig
bestimmen wie alles, was unsere Erkenntnis-
objekte bestimmt.

Wissenschaft zerlegt die Welt aus Angst
vor ihr in objektive Begriffe und subjektive
Bilder. Kurz: Das moderne Weltbild verlötet
den Biologismus innerer Werte mit dem
Idealismus niederer Triebe.

Zum Schweigen-Bringen ist oft am lautesten.

Sartres Anarchismus des transzendierenden
Für-sich-seins war Transzendentalidealismus
weltentfremdeter Subjektivität, die ihre eigene
Welt aus dem Ansichsein schuf. Sein Realis-
mus hat mit objektiven Fakten wenig zu tun,
doch das *Pour-soi* ist durch keine Kategorien,
Anschauungsformen und Ideen anthropolo-
gisch-soziohistorisch vorgeprägt, sondern
deutet die Welt durch bloße Negation
ihrer objektiven Überfülle.

Ernst *Bloch* entdeckte im subjektiven Geist
des romantischen Fragments auch Bacons
objektiven Forschungsaphorismus, also
im Pietisten auch den Physiker Lichtenberg,
im Ironiker den Bergbauingenieur Novalis
und im Chamfort der Salons den Hippokrates
der Gesellschaft. Bloch kennt wie Adorno
den „Vorrang des Objekts" vor subjektivem
Wahn, aber anders als Adorno keinen Vorrang
des Individuums vor der Allgemeinheit.

Die Idee von etwas, das nicht mehr subjektiv
ist, ist so subjektiv, wie es objektiv stimmt,
dass es subjektive Ideen gibt.

Dummkopf : Subjekt, das objektiv nach
Intellekt statt effektiv nach Affekt urteilt.

Der nicht mehr oder noch nicht selbstentfrem-
dete Mensch ist bei *Hegel* der ungebildete
Schafhirte, der sich der notwendigen kulturellen
Selbstvergegenständlichung entfremdet und
dessen *subjektiver Geist* sich in keinem *objektiven Geist* spiegelt. Was der objektiven Selbstentfremdung fremd bleibt, ist aber gerade die
weltfremde Subjektivität des Idealisten mit der
Poesie des Herzens gegen die Prosa der Welt.

Wissenschaft spricht objektiv über Objekte,
Philosophie subjektiv und objektiv über Subjekte, Literatur subjektiv über Subjekte u. Objekte.

Lux et crux. Den Knechten widersteht der Herren
subjektiver Wahn, den Herren nur des Herrgotts
objektive Wahrheit.

Wertungen müssen so wenig subjektiv
wie Tatsachen immer objektiv sein.

Heut wird man zum Objekt gemacht,
indem man zum Subjekt erklärt wird, basta.

Zivilcourage ist nicht der Mut zur eigenen
Meinung, sondern der Wille zur objektiven
Wahrheit.

Uneigennützigkeit ist die Objektivität der
Praktiker, Sachlichkeit ist die Selbstlosigkeit
der Theoretiker.

Der Mensch, das Wesen, das Objekt
seiner Objekte wird, macht auch,
was nicht menschgemacht ist.

Objektiv siehst du nur Unnützes,
und dir dient nur Verkanntes.

Wie ein Erkenntnisobjekt nun subjektiv
auf dich wirkt, verschwindet meist vor dem,
wie die ganze Arten-Evolution dich und deinen Erkenntnisapparat objektiv bewirkt hat.

Unding an sich. Was meint "Gott" anderes
als den subjektiven Begriff von einem
objektiven Jenseits aller subjektiven Begriffe?

Jeder Begriff ist vieldeutig, sofern er
jedes seiner Einzelobjekte bedeuten kann,
die unter ihn fallen, und nicht nur jene, die
auf Grenzlinien zu Nachbarbegriffen liegen.

Schlegel praktizierte Fichtes "freie Tathand-
lung des Ich", dem keine objektive Wesens-
verfassung vorgegeben sei, als Produktion
von aphoristischen Fragmenten.

Bring uns deine Selbsterkenntnis zur
Kenntnis, fordern Erkennungsdienste. Der
Mensch bemüht sich schon so lange intensiv
um objektive Erkenntnis, dass die Objekte
sich mal langsam erkenntlich zeigen könnten.

Sachlichkeit und Objektivität sind keine
Motive des Pragmatikers, sondern Etiketten,
die er seinen Motiven verleiht.

Wer Begriffe zergliedert, kommt auf
ihre Objekte, und wer Objekte zergliedert,
auf ihre Begriffe. Erkenntnis bewegt sich
im Kreis – ihrer erdachten Gegenstände.

Mit Objekten gegenständlicher Kunst
konnte man etwas anfangen. *Abstrakte Kunst*
will subjektives Handeln unnötig, ja,
unmöglich machen.

Vor der öffentlichen Meinung (Doxa) wirken
Platos objektive Ideen wie Paradoxa, doch All-
gemeingültiges entstammt auch dem Wettstreit
aphoristischer Halbwahrheiten.

Objektiv ist dein Urteil über Mutter Natur,
das weder ihr noch dir schmeichelt.

Könnte Gott, das einzige Wesen, dessen
Existenz seinen Inbegriff nicht einschließt,
denn mehr Macht über uns haben,
wenn er objektiv existierte?

Zuschauer und Betrachter sind oft
sehenswürdiger als ihre Objekte.

Objektivität und Ignoranz verdanken sich
derselben Distanz zur Welt.

Wer einen Gegenstand zu seinem Gegenüber
macht, objektiviert es zum Gegner.

Was Hegel den *objektiven Geist* nannte,
ist heute der Quälgeist in der Suchmaschine:
Suche im Netz, und es findet dich.

Demokratie diktiert Moden und lässt
über objektive Wahrheit abstimmen.

Wer erfährt, was ihn nicht überfährt, und was geht
mir unter die Haut, aus der ich fahre?

Der Sinn für Balance ist oft nur Furcht
vor grenzerfahrenen Extremen.

Damit uns das Hören ohne Sehen vergeht!

Der Lauscher an der Wand hört nicht das Gras
über seine Sache wachsen.

Der kleine Mann ist Wachs in den Ohren
der Mächtigen wie in ihren Händen:
Sie hören seine Klagen und Anklagen nicht.

Sensibel ist, wer das Gras wachsen hört
über dem Gras, in das er beißen soll.

Wissen ist Macht, aber man hört immer nur
von Machtergreifungen.

Lateinisch 'liber' bedeutet : 1.) frei 2.) Buch.
Man hört immer nur von Freiheit.

Wer keine faulen Reden mehr hören will,
will schon fleißige Untaten sehen.

Wie viele Gebete, die nie gesprochen wurden,
wohl erhört worden sind.

Wer sich der Welt öffnet, lässt die Wölfe
herein, und wer sich verschließt, hört später,
ein Engel stand vor der Tür.

Fata Morgana des Voyeurs. Schönheit ist jenes
Gute und Wahre, das unserer Bequemlichkeit
schmeichelt, weil wir es nicht erst durchdenken
und realisieren müssen, sondern gleich hören
und sehen und mit Händen greifen können.

Jugend? Schönfrist, die aufs Widerwort
gehorcht und sich absichtlich aufsichterregend
benimmt, denn Rebellen erregt nur öffentliches
Ärgernis.

Nur Taube gehorchen. Wer Musik im Blut
hat, hat oft nur Bohnen in den Ohren.

Einst wurde gehorcht — widerwillig.
Heute ist man frei — widerwillig.

Jeder sieht die Welt nur durch seine Brille.
Mancher hat nicht einmal das. Und frei ist nur,
wer nicht einmal sich selbst gehorcht.

Unsere Sinne sind immer noch offen für die
freie Natur : Wir haben Tomaten auf den Augen
und Bohnen in den Ohren.

Wo spielt sich mehr ab, zwischen deinen
Händen oder zwischen deinen Ohren?

Kapitalismus : Keiner legt sich gern aufs Ohr,
über das er gehauen wird.

Taktgefühl ist die Taktik, mich übers Ohr
zu hauen, ohne mir zu nahe zu treten.

Wahrheiten wollen wie Lügen verbreitet
werden, um Gehör zu finden.

Höllhörig. Richte Lebenslauf und Gebet nicht
auf den Ewigen, der sein Wort an dich richtet.

Psychotherapeuten leihen uns ihr Ohr
zu Wucherpreisen, um uns zu dem
zu überreden, was wir sowieso wollen.

Zum einen Ohr rein, zum anderen raus,
und nirgends angestoßen!

Der eine Fuß geht, der andere steht,
die eine Hand fasst, die andere wäscht,
das eine Ohr hört, das zweite schlackert,
die eine Niere trinkt, die zweite pisst,
das erste Auge sieht dich, das zweite sich.

Der eine sagt gern, was er nicht weiß,
der andere hört gern, was er schon weiß.

Älteste Leute hören stets Neuigkeiten,
jüngste immer nur Uraltes.

Wem nicht mal Hören und Sehen vergeht,
ist ein Vernunftwesen, das sich nicht nur am
Hören und Sehen vergeht. - Du siehst nichts,
und nicht mal das siehst du.

Hegel : „Freiheit ist Einsicht in die
Notwendigkeit", dass andere gehorchen.

Gehorch nicht mir, nur deiner Angst vor mir
und meiner Angst vor dir!

Der Mittelstand gehorcht nur dem Befehl
zu befehlen.

Gute Märchenonkel lauschen
nun bösen Märchennichten.

Die Menschen kennt, wer sich keinen ansieht,
packt und anhört.

Demokratie ist die Freiheit, jede Meinung
(ver)äußern zu dürfen oder sich keine anhören
zu müssen.

Man verhört Mutter Natur, als wäre
die Gesetzgeberin Gesetzesbrecherin.

Bitte, meine Damen und Herren,
lassen Sie mal wieder von mir hören!

Höre die Stimmen des Gewissens
und lasse dich geisteskrank schreiben!

Wer keine Unvernunft annimmt,
keine Visionen hat und keine Stimmen hört,
gehört zum Psychiater.

Mutter Natur gesteht unterm Verhör der for-
schen Forscher, was immer sie hören wollen.

Heady? Der Sinn des Handys ist es, weltweit
Schwachsinn statt abhörwürdige Gedanken
auszutauschen.

Ob alle mithören wollen,
wenn alle mitreden können?

Geheimdienste sind Internet-Internisten, die
unser Hirn und Herz auf Krankheiten abhören.

Welchen Naturgesetzen (oder Kräften)
gehorchen die Naturgesetze?

Freiheitskämpfer gehorchen keiner Wahrheit,
Wahrheitssucher dulden keine Willkür.

Das Volk hört Popmusik
und gehorcht *His Master's Voice.*

Erhören willst du keinen,
der dir gehorcht, und kannst du nur den,
dem du nicht gehorchst.

Ruft mal : "Macht doch, was ihr wollt!"
und dir wird blind gehorcht.

Keine Kunst ist heute so beliebt wie Musik.
Blinde übertreiben eben ihr Gehör.

Wer sich gerade so über Wasser hält,
sollte nicht hören müssen, dass er nur
an der Oberfläche bleibt.

Man fühlt mit dem Kopf, denkt mit der Hand,
gehorcht mit dem Ohr, übersieht mit den
Augen, handelt mit den Füßen und hofft
gegen sein Gedächtnis.

Nur verstopfte Ohren gehorchen noch
der Stimme des Gewissens.

Manche parieren nicht aus Furcht, sondern
haben Angst, um gehorchen zu dürfen.

Hört er Lügen über sich, ist jeder so empört,
als hörte er die Wahrheit über sich.

Erbitte vom lieben Gott nichts, was
der Teufel erhören könnte – und umgekehrt.

Man muss auch den anhören,
der keine Meinung haben will.

Schlecht ist Musik, die den Hörer ermutigt,
selber welche zu machen.

Erst hört man auf, ein höheres Wesen
zu vermissen, dann die höhere Kultur.

Ein gnädiger Gott wird oft der Rechtsbeugung
und Beihilfe zur Strafvereitelung bezichtigt.
Erhörte er jedes Gebet, käme er als Mensch
auf lebenslängliche Haft.

Jeder will sein dummes Gesicht wahren,
wenn er allzu Kluges hören muss.

Man rät gern aufzuhören, zu viel
auf gute Ratschläge zu hören.

Man will die Wahrheit hören, weil man lieber
lügt als belogen wird, nicht weil man lieber irrt
als irre wird an ihr.

Wer Schlimmes hören will,
darf keinen von sich reden lassen.

Ausredenlassen heißt Ausreden hören.

Verdammte Liebestechnik und Technikliebe!

Eine Welt voller Technik ohne Ethik
braucht nicht mehr Moral ohne Verstand.

Wer keine zeitsparenden Technologien entwickelt,
spart die meiste Zeit.

Ein Arbeiter ist der Mensch, der sich einer
Maschine bedient, die sich des Menschen bedient,
der sie bedient, um andere Menschen zu bedienen.

Die Literatur des 20. Jahrhunderts war ein
Schreibmaschinentasten nach Mitmenschen.

Was meine Maschine noch nicht kann,
ist deshalb noch nicht menschlich an mir.

Industrie ist eine Welt voller Mietmenschlichkeit.

Bisher schaffen Maschinen mehr Arbeit als ab.

Kreativität heute? Do-it-yourself,
was die Industrie besser kann.

Experimentiert die Evolution mit denen,
die gentechnische Experimente anstellen?

Technik : Versuch menschlicher Geschöpfe,
den Schöpfer zu erziehen oder zu ersetzen.

Hochkultur und Hightech wollen Nachfrage
produzieren, nicht für Nachfrage.

Gentechnik : Demokratischer Aufstand
gegen DNA- und IQ-Adel?

Höhere Kreise entfesseln ihre niedersten Triebe,
solange Hightech nicht das niedere Volk
für Hochkultur freistellt.

Ich vermisse Protestbewegungen
gegen die allgemeine Homogentechnik.

Technik ist eher gefährlich durch
angenehm Nützliches als durch AKW.

Der Schaden, den Philosophie anrichtet, ist
nützlicher als der Nutzen, den Technologie bringt.

Naturforscher glauben oft, durch technische
Anwendung ihrer Entdeckungen schon praktisch
zu handeln.

Trägheit tritt auf der Arbeitsstelle technischen
Fortschritts, Höchstgeschwindigkeit hat nicht
das *Licht der Vernunft*.

Der Adel, das einzige historische Experiment
einer *leisure class*, animiert wenig,
seinen Zeitvertreib maschinell zu demokratisieren.

Arbeiter sind Menschen und Maschinen,
weil sie beides bedienen.

Sklaven schufen Adelsmuße,
Maschinen schaffen Bürgerfleiß.

Du sollst dir kein Bildnis machen, auch nicht von
den Bilderstürmern, und sogar Maschinenstürmer
werden schon maschinell hergestellt.

Eine Frau misstraut heute ihrem Mann
mehr als der ganzen Industriegesellschaft.

Gott sprach vom Fluch des Ackerns,
nicht vom Segen der Industrie.

Industrieller ist, wer auch fleißigen Handwerkern
das Handwerk legt.

His master´s voice. Die Jugend tanzt nach der Pfeife
der Musikindustrie.

Kapitalismus und Sozialismus scheiterten
beim Versuch, das Proletariat mit der Diktatur
des Industrialismus zu versöhnen.

Die verkommensten Gesellschaften
haben die vollkommensten Techniken.

Philosophie, der nichts mehr heilig,
ist nichts als Technik und Industrie.

Change Management ist die Technik, alles so
zu lassen, wie es ist, als habe man es verbessert.

Nordamerika war uns stets voraus, erst durch
indianische Nomaden, dann durch Revolution
von 1776, Vorbild für Napoleons Europavision,
und dann durch Technologien – doch nun?

Humanität gibt's nur noch um den Preis von Not,
die nur technokratisch behebbar ist.

Wären wir besser, würde alles besser mit besserer
Technik. Wird nur die Technik besser, haben wir
böswilligen Tiere bessere Mittel, bösartig zu sein.

Technik denkt immer positiv(istisch).

Wo Maschinen mehr (weniger) erzeugen,
da zeugen Produzenten weniger (mehr).

I T : Kommunikationstechnik der Autisten.

Maschinen tun nicht nur Menschenunmögliches,
sondern schon Unmenschenmögliches.

Masche : Man kann nur noch Maschine werden
oder Maschinist.

Nach der Abschaffung der Arbeiter durch Maschinen
werden Klassenkämpfe schärfer werden zwischen
Buch und Bier.

Im Kommunisten bekämpfte man den Arbeiter
und im Arbeiter den potentiellen Maschinenstürmer.

Bevor die Industrie demokratisiert wird,
ist die Demokratie längst automatisiert.

Industrialismus gilt als technische Imitation
der Zukunft und fortschrittlichste Erfindung
der Tradition.

Die Kosten des Kapitalismus hindern,
jene Kosten des Industrialismus zu sehen,
die er mit allen Sozialismen teilt.

Unsere Industrie bekämpft Erderwärmung
durch soziale Kälte.

Hochkultur ist ihnen zu hoch : Intellektuelle lieben
Popkultur, die infantile Volksverblödungsindustrie
des vulgären Mittelstands.

Fortschritt : Von Ostermessen über Industriemessen
zu Schadstoffmessungen.

Wären Bürger, die Maschinen stürmen,
so dumm wie Arbeiter, die sie nicht sabotieren?

Es gibt heute mehr Fußball- und Bilderstürmer
als Maschinenstürmer.

Ist Perfektion außer Maschinen so unbeliebt,
weil sie weniger Freiheiten lässt?

Objektivierung heißt heute, subjektive Autonomie
in technischen Objekten zu automatisieren.

Reiche werden von Gentechnik profitieren,
um ihre Monokultur zu klonen.

Moderne : Technische Produktion
von künstlichen Müttern.

Planwirtschaft kann Weltmärkte so wenig mehr
steuern wie Menschenhand die Hightechventile.

Der Zeitgenosse hat inzwischen genug Zeit,
sie nicht zu nutzen, und gewinnt durch Technik
zu viel Zeit, um sie totzuschlagen.

… und führe uns nicht in gentechnische Versuche
und philosophische Essays darüber.

Wir müssen Kulturtechniken beherrschen
lernen, um uns von kultivierten Menschen
beherrschen lassen zu können.

Natura parendo vincitur. Francis *Bacon* hatte
bekanntlich der neuzeitlichen technischen Naturbeherrschung ideologisch vorgearbeitet, aber nicht
durch mathematisch beschriebene Naturexperimen-
te, sondern durch aphoristisch formulierte
Gedankenexperimente.

Die sozialen „Apparate" beherrschen uns:
Sie geben mir beliebte technische Apparate,
um mich beliebige Dinge beherrschen zu lassen.

Naturwissenschaft und Technik erheben den
ehrwürdigen Anspruch auf die einzige Tradition,
die alle anderen Traditionen aufhebt.

Seit *Hightech* die Naturbeherrschung übernahm,
ward Kultur ein arbeitsloses Hobby.

Die Kreatur nabelt sich von Mama nicht ab
durch Hightech, sondern durch Geist,
das Gegenteil von Technik und Kollektiv.

Von Diktaturen befreit man sich jetzt gern unter
dem strengen Diktat technischer Modernisierung.

Technische Apparate fesseln uns so,
dass wir freien Zugang zu ihnen fordern.

Der Kapitalismus bedeutet ökonomische
Ausbeutung, der linke und rechte Anti-
kapitalismus aber technokratischen Totalitarismus
oder vorindustriellen Terror.

In der Technik befragt der erschöpfte Laie
den Spezialisten, in der Kunst der Experte
den schöpferischen Amateur.

Gnade bedeutet keine himmlische Technik,
doch Industrie ein soziales Gnadenbrot.

Hightech-Fortschritt pendelt zwischen
beschleunigter Trägheit und fauler Raserei.

Der Techniker besiegt weniger die Natur
als seine uralte Angst vor ihr, und der *Triumph
der Technik* ist kein Triumph des menschlichen
Geistes, sondern Triumph über Menschengeist.

Künstlerische Technik nutzt dazu, die Schäden,
die industrielle Technik am automatisierten Leben
hinterlässt, nicht auszugleichen,
sondern endlich unerträglich zu machen.

Wer an nichts mehr glaubt,
muss auf technische Neuerungen vertrauen.

Der stille Eifer liest wissenschaftliche Werke,
die emsige Faulheit nicht mal technische
Gebrauchsanleitungen.

Das 21. Jahrhundert will die Probleme genetisch
lösen, die die technischen Lösungen des 20. Jhs.
aufgeworfen haben für die sozialen Probleme, die
im 19 Jh. entstanden, als die Lösung metaphysischer
Probleme des 18. Jh. moralische Probleme bereitete.

Keine künstlerische Inspiration ohne technische
Innovation, aber diese bitte ohne jene!

Die Grundlagenforschung der Technologien
ist eine Niederlagenforschung der Wissenschaft.

Gerechtigkeit in der Welt gäbe es nur
zwischen Hochtechnologie-Affen ohne Kultur.

Vollkommene High Societies trösten das Volk
mit perfekten Hightech-Fetischen.

Aufklärung ist „Ausgang des Menschen aus
seiner selbstverschuldeten Unmündigkeit" *(Kant)*
und schenkt uns so viel technisches Spielzeug,
dass wir niemals erwachsen werden (können).

Mit jeder technischen Lebenserleichterung
wird das restliche Leiden schwerer.

Volk hasst Pop-Art. Technik machte Luxusgüter zu
Massenartikeln, aber Moderne Kunst war von Anfang
an Massenware, die Eliten zu ihrem Luxusgut machten.

Evolution. Die Einfälle der Künstler und Techniker
verbessern in wenigen Jahren, wozu die Zufälle
der Natur Jahrmillionen brauchen.

„Die Politik ist das Schicksal", das dem technischen
Geschick folgt, und Technik ist das schwere Schicksal, das unser Schicksal erleichtert.

Kulturtechniken. Man lernt (Gebrauchsanleitungen)
lesen, (Bewerbungen) schreiben und immer wieder
(mit Bestrafung) rechnen.

Ein Schriftsteller ist ein Mensch, der einen
Computer nur als Schreibmaschine nutzt.

Maschinen haben die Arbeitswelt nicht abgeschafft,
sondern in Industrielle und Bienenfleißige zerlegt.

Zum Hellenenkult: Als die Griechen Sklaven hatten,
philosophierten sie. Obwohl die Deutschen nun
Maschinen haben, philosophieren sie nicht.

Gehirnwäsche verhält sich zum Gedanken
wie die Waschmaschine zur Unterwäsche.

Wer Maschinen bedient, bedient auch
deren Besitzer. Wer eigene Maschinen bedient,
verdient es, eigenen Produkten zu dienen,
und böse Menschen sind gut zu gebrauchen.

Eine Maschine ist zu bedienen wie ihr Besitzer
und der Besitzer wie eine Maschine.

Der Mensch ist der Weg vom Affen zur Maschine.

Was Hegel *objektiven Geist* nannte, ist heute der
Quälgeist in der Suchmaschine : Suche im Netz,
und es findet dich!

Es war viel Intelligenz nötig, um Maschinen
zu entwickeln, die sie überflüssig machen.
Den Computer zu programmieren, kostet mehr
Klugheit, als er Benutzern verschafft.

Erst wollten wir Maschinen entwickeln,
die wie Menschen denken, dabei entwickelten wir
Menschen, die miteinander rechnen wie Computer.

Schluss mit der Arbeitslosigkeit:
Ersetzt Automaten wieder durch Menschen!

Eine Arbeit und Vernunft annehmen ist eins.
Fast jede Maschine nimmt dem Arbeitnehmer
die Arbeit weg und nicht ab.

Je mehr Maschinen für uns arbeiten,
desto mehr schuften wir für sie.

Die Maschine erhält nun vom Bediener,
was der Blaumann vom Kaufmann und der Kaufmann
vom Edelmann forderte.

Wer Windparks sät, wird Maschinensturm ernten.

Roboter sind keine Arbeitabnehmer mehr,
sondern harte Arbeitangeber und -abgeber.

Für Luxus mussten Schufte nie schuften. Fürs
Lebensnotwendige muss ich, nach einem Viertel-
jahrtausend der Maschinen, immer noch schuften.

Maschinen produzieren nur noch Spaßbedürfnisse
statt für die Notdurft, doch *Maschinenstürmer*
sind nur noch die jüngsten Roboter.

Wer schuften will, (be)dient Maschinen. Wer
nicht schuften wollte, ließe sie für sich arbeiten.

Man bedient eine Maschine –
wie der Diener seinen Herrn.

250 Jahre Industrie. Maschinen wollten mal
Knochenjobs und Routinearbeit abschaffen,
um uns frei zu machen für Geistesarbeit,
doch nicht kindische Spielbedürfnisse schaffen,
für die noch mehr zu schuften wäre.

Der alte Grieche hatte Sklaven, damit er ruhig
philosophieren konnte. Der junge Europäer hat
Maschinen, damit er sie hektisch bedienen kann.

Industrie wurde das Schicksal des Schicksals
und das Kapital der Weltrevolutionär,
der uns zu faulen Reaktionären macht.

Für seltene Krankheiten werden kaum Heilmittel
entwickelt. Unikate kommen auch der Bildungs-
industrie zu teuer.

Bisher schaffen Maschinen mehr Arbeit als ab.

Gebraucht würde eine Industrie, die den Bedarf
billig deckt, aber teure Bedürfnisse nicht fleißig
weckt, sondern abgewöhnt.

Die Psychoanalyse weckt Assoziationen
wie die Industrie unsere Bedürfnisse.

Der Antikapitalist braucht für seinen Kampf
und Komfort immer noch Industrielle
und fleißiges Volk.

Industrie- und Sozialarbeit vermehren
die Bedürftigen schneller, als ihnen zu helfen.

Wer den Kapitalismus attackiert, ohne den
Industrialismus anzugreifen, wird Sozialist.
Wer den Sozialismus bekämpft, ohne den
Industrialismus zu bekämpfen, bleibt Privat-
kapitalist, und wer die Industriewelt ablehnt,
ohne den Agrarfeudalismus abzulehnen,
stärkt noch nicht die Kultur gegen die Politik.

Dialektik? Der sesshafte Bauer vertrieb
den nomadischen Hirten und der industrielle
Blaumann den feudalen Landmann,
ohne den müßigen Schäfer wiederzubeleben.

Unrast wurde der Fleiß der Industriellen, Ruhe und
Frieden eine Trägheitsindustrie *(leisure industry)*.

Früher suchten wir unqualifizierte Gastarbeiter,
die uns die Drecksarbeit abnahmen; heutzutage
fluchen wir hochqualifizierten Zuwanderern,
die als Konkurrenten unser Industrieniveau sichern.

Die Industrie schafft immer neue lächerliche Bedürfnisse, um keine zweckfreien Kulturbedürfnisse
wecken (den bescheidenen Bedarf geistiger Existenz
decken) zu müssen.

Waren, die nun wirklich kein vernünftiger Mensch
brauchen sollte : Industrielle schämen sich nicht,
sie anzupreisen, und Konsumenten schämen sich
nicht, fleißig für sie zu arbeiten.

Wahre Industriedemokratie wäre allgemeine Acht-
stundenwoche für unbezahlbar geistiges Leben.

Leben wir in einem Rechtsstaat?

Werfen wir dem Leser erst einmal eine steile These hin, einen Knochen zum Knabbern und Abnagen:

Die republikanische **Demokratie** neigt zu rechtsstaatlichen **Parteien**, denen die „politische Willensbildung der Öffentlichkeit" obliegt. Die plebiszitäre **Basisdemokratie** hingegen neigt nur zur „populistischen" **Demagogie**, dem Geschäft großkapitalanfälliger Massenmedien. („*Volksdemokratien*" aber sind zumeist lediglich Einparteien-Militärdiktaturen mit rechtsstaatlicher Republikfassade.)

Sinngemäß so verzeichnet es jedes solide Politiklexikon in rechtsstaatlichen Republiken.

Ur-Europhilosoph *Platon* neigte sogar zur platonischen Idee, jede Volksherrschaft tendiere zur Tyrannis durch plutokratische Autokraten, die sich unter jeder politischen Formalfassade mit den plebiszitär aufgepeitschten Massen gegen die jeweils etablierten „Eliten" verbünden, seien es nun Wissens- oder Machteliten. Platon selbst bevorzugte ja wissensaristokratische „Philosophenkönige" und versuchte sein rhetorisches Glück zweimal selbst beim Tyrannen Dionys I. von Syrakus, der ihn aber nur in die Sklaverei verkaufte, aus der er erst von reichen Akademie-Gönnern freigekauft wurde.

Philosophie-Aristokrat *Russell* schimpfte Platons Klassen-„Politeia" mit „Lehrstand, Wehrstand und Nährstand" schlicht „faschistisch", und sein Koautor *Whitehead* nannte die gesamte europäische Philosophiegeschichte eine einzige „Reihe von Fußnoten zu Platon" gegen die eher demokratischen „Sophisten".

Sein Meisterschüler *Aristoteles* favorisierte eher politische Mischformen, welche die Vorteile jeder Herrschaftsform vernünftig kombinieren und ihre verabsolutierten Einseitigkeiten und Risikoklippen tunlichst vermeiden.

Die rechtsstaatliche Nachkriegsverfassung hierzulande ist eine Konstruktion aus den Krisenerfahrungen mit der ersten („Weimarer") Republik und dem Willen der drei demokratisch verfassten alliierten Siegermächte des 2. Weltkriegs. (Die vierte Siegermacht stimmte als „Volksdemokratie" zu.)

Seither stehen sich da gesetzgebender Bundestag, exekutive Verwaltung und gesetzanwendende Judi-

kative so unabhängig voneinander gegenüber, wie
die Politik selbst von der Wirtschaft nicht so ganz
unabhängig ist.

Die westlichen Demokratien fußen auf der (letztlich biblisch fundierten) „Deklaration der allgemei-
nen Menschenrechte" von 1776 in den USA == die
seither trotz vielfältiger Strapazierung ihre rechtsstaatliche Demokratie mit republikanischer Gewaltenteilung nie wieder aufgekündigt und abgeschafft
haben.

Selbst die „Französische Revolution" von 1789
nahm sich über *Lafayette*, dem Beauftragten des
Königs Ludwig VI., die „Amerikanische Revolution" von 1776 zum Vorbild. (Sogar Kaiser *Napoleon
Bonaparte* wollte nur die amerikanische zur „europäischen Revolution" ausweiten, was immerhin der
Dichter Goethe wie der Denker Hegel hierzulande
(an)erkannten gegen die nationalistischen Freiheitskämpfer.) All das ist etwas untergegangen im weit-
verbreiteten bundesrepublikanischen Antiamerika-
nismus, der den vermeintlich „globalen US-Kultur-
imperialismus" ressentimentgeladen attackiert.

Was der rechtsstaatlichen Demokratie hierzulande vorzuhalten scheint, ist aber weniger die "Partei-

enoligarchie" oder republikanische Gewaltenteilung selbst als das *Wahlrecht*, das einige Risiken der gescheiterten Weimarer Republik fortan vermeiden sollte. Die hiesige Verfassung erlaubt und begünstigt mehrheitsbeschaffende Koalitionen zwischen Minderheitsparteien, die jede für sich kaum jemals an die Regierung kämen, um per Kanzler(in) die „Richtlinien der Politik" zu bestimmen. Arithmetische Regierungskoalitionen aber verfälschen eben tendenziell den geheiligten Wählerwillen durch undurchsichtige Hinterzimmerdiplomatien und Kompromissabsprachen, die kaum ein Wähler präzise genug vorhersehen und in seiner Wahlentscheidung berücksichtigen könnte.

Vernünftiger erscheint da das „relative Mehrheitswahlrecht" der angelsächsischen Demokratien, wo der Wählerwille der *einfachen relativen Mehrheit* des Landes leichter und besser zu vollstrecken ist. Die hiesigen Minderheitsparteien mit ihren Klientelprogrammen müssten sich dann in den Flügelkämpfen einer der beiden großen („linken" und „rechten") Mehrheitsparteien abarbeiten, um ihren Anliegen Gehör zu verschaffen, nicht mehr in intransparenten Zweckbündnissen. Der Schutz der Minderheiten ist dann gewährleistet, aber sie könnten den Willen der einfachen Mehrheit nur noch schwer überstimmen und verfälschen.

Damit zusammen hängt das Problem, dass die rechtsstaatliche Verfassung hierzulande auf eine *„Klassengesellschaft"* trifft, die spätestens seit dem gerechten Zusammenbruch „marxistischer" Ostblockdiktaturen hartnäckig geleugnet wird zugunsten einer „sozialen Marktwirtschaft" von gleichberechtigten „Sozialpartnern". Damit scheint der gefürchtete „Klassenkampf" mit sozialstaatlichen Rechtsmitteln weitgehend befriedet, so dass selbst ärmste bildungsferne „Arbeit-Abnehmer" im abgespecktesten Sozialstaat zu viel zu verlieren hätten, um noch als „Maschinenstürmer" mit Generalstreik oder gar Sozialrevolution zu drohen.

Schon *Bismarcks* Sozialstaat sollte nur rote Sozialdemokratie und Sozialrevolutionen prophylaktisch verhindern, und seither helfen dazu auch periodische „Kulturrevolutionen" mit. Soll grüner Ökologismus etwa nur von roter Ökonomie ablenken?

Auch der lieben „Umwelt" zuliebe werden ja Arme immer ärmer und Reiche immer reicher. Die „soziale Frage" hat alle sozialistischen Antworten überlebt, und im demokratischen Rechtsstaat bleibt die sozialstaatlich nur anästhesierte „soziale Gerechtigkeit" das vordringlichste Problem, während der grüne Ökowahn das aufdringlichste Problem hochpusht und nur den nächsten technologischen Wirtschaftsschub massenideologisch und -psychologisch vorbereiten soll. Jedoch die elektronische Weltgeneraldigitalisierung ist nur dieselbe alte Ausbeutungsgesellschaft in neugrünem Putzanstrich, wo Dienstleister die Maschinen und deren Besitzer zu bedienen haben. Sind Lastenträger als „Bedenkenträger" contra „Leistungsträger" schon längst Geschichte?

In den rechtsstaatlich verfassten Hochindustrie-Nationen sollte systemische soziale Ungerechtigkeit oder gar Armut schon als Verfassungsbruch gelten.

Aber ist „sozialgerecht" wirklich sozial gerecht?
Herrscht hierzulande richtiges Recht oder nur Rechts?

Das Hauptproblem aller Hochkulturen seit der "neolithischen Menschheitsrevolution" vor etwa zehn Jahrtausenden ist stets die "soziale Frage" geblieben. Sesshafte Hochkulturen sind und waren seit dem "Erbsündenfall" von Ackerbau und Viehzucht (aus dem relativ egalitären Nomadenparadies) nur aristokratische Klassengesellschaften von Herren und Knechten, von "Kapital und Sklavenarbeit".

An dieser kultivierten Ausbeutungsschande sind letztlich alle seitherigen Hochkulturen zu Grunde gegangen, nicht etwa an (rational beherrschbaren) Klimakatastrophen oder anderen Nebenschauplätzen des ideologisch vertuschten "Klassenantagonismus". In naturwissenschaftlich-technisch befeuerten Hochindustriegesellschaften wird dieser durch massenkonsumistische Gratifikationen oft etwas abgefedert, aber unter der Sklavenpeitsche der Oberschicht darf der Mittelstand die Sklavenpeitsche gegen die Unterschicht zumeist ungestraft schwingen ...

"Was tun"? Alles auch nur von fern nach kollektiven Politkampagnen mit Demos und Resolutionen aussehende *Basisdemokratische* ist zu meiden, da solche scheinbar spontanen Unrechtsproteste sehr bald von Organisationsprofis, Strippenziehern und Stichwortgebern unbemerkt unterwandert und auch manipuliert zu werden pflegen. Vor allem der "proletarische Intellektuelle" bleibe *in* der Gesellschaft ein Einzelner *gegen* sie. Er verfeinert diese bloße Manövriermasse seiner sozialen Herkunftsklasse zu unabhängig werdenden Individuen, die am Schreibtisch nachdenken, statt nur mitzumachen beim kollektiven Nichtmitmachen. Dieses Recht wahrzunehmen in einem Rechtsstaat, macht er zu seiner Pflichtübung.

Im Übrigen gilt wohl immer noch, was der adlige Revolutionsflüchtling *Antoine de Rivarol* schrieb: "Unscheinbarkeit schützt besser als das Gesetz."

Die allen Gotteskindern gemeinsamen Menschenrechte sind in säkularen Gesellschaften einstweilen eher Utopien als wirklich justiziabel einklagbare institutionelle Rechte.

Vereins- und Gendermuffel aller Länder, vereint euch!

Es wird gegendert und gegengegendert, was das Zeug nicht hält. "Gender-Stars" (Anglizismus des Jahres 2018, vulgo *Gendersternchen*), *Gender Gaps, Gender-Doppelpunte* oder *Genderunterstriche* sind nun zwar zum Missfallen der Genderideolog(inn)en noch immer nicht amtlich vorgeschrieben und nicht offiziell rechtschreibobligat, aber die forsche *Lila Front* marschiert. Geschlecht sei ja im Zweifelsfall ein bloß repressives Psychosozialkonstrukt und kein biologisches Kernsubstrat, dessen „essentialistischer Basissubstanzialismus" hysterisch bekämpft wird, und das nicht erst seit *Judith Butler*. Bio-Sex sei immer schon sozialkonformistisch überformt durch ein andressiertes Haupt- und Nebenrollenverhalten. "Geschlechtergerecht diskriminierungsfreier Sprachgebrauch" wird von Genderpolitikern und Trans-Pressure-Groups seit geraumer Zeit offensiv angemahnt und zunehmend aggressiv eingefordert. Und da spricht man bei durchhomosexualisierten Industriegesellschaften der Amazonen und ewigen dummen Jungen auch noch von "Patriarchat"!?

Das "generische Masculinum" des vermeintlichen Sprachregelungspatriarchats wird nicht länger toleriert von dieser feministischen Linguistikpolizei, die jede konziliante oder auch nur pragmatische Politesse fallengelassen hat. Das militante oder militunte *Diversity Management* besteht auch mündlich und schriftlich auf *Genderinklusion* selbst abartigster Unterarten von Sexualkonstitutionsvarianten.

Das einschlägige Gender-Wörterbuch umfasste schon 2019 etwa 5000 genderkompatible Ausdrücke, open end. Jede(r) Genderer*in zählt schließlich zu den bipedalen Mensch(inn)en mit Genderrechten und ausgepichten Genderpflichten.

W/m/d : Weiblich/männlich/divers. Flucht vor dem "Lehrer" und der Frau "Lehrerin" in *gender-neutrale*" Lehrkräfte" wird zur Ausnahme. *Female Gendering* wird zur Anwältin von Repräsentanzchancen für alle möglichen Sexualdevianzen. Und die *Gender Studies* der Genderkompetentinnen haben eine recht umfangreiche Toolbox of Gender-Modules in der *Sex-App*. Manches ist da allerdings ebenso *genderseicht* wie genderleicht. Vor lauter Queer-Diversitätswahn wirkt alles A(nti)sexistische dann schon eigentümlich steril a(nti)sexuell.

Ich schlage, um als männlicher "Schweinepries-
ter" meinen guten Willen zu zeigen, eine General-
erweiterung der fälligen *Pan-Genderization* und
Geschlechtsidentitäten auf alle Sexualpathologien
vor, die damit aus Schmollwinkel und Mobbing-
Schmuddelecken herauskämen und gleichsam sank-
tionsbewehrt wie satisfaktionsfähig gendernobilitiert
würden.

Kurzum : Meines Erachtens wird nicht inzwischen schon zu viel gegendert, sondern noch viel zu
wenig, zu zaghaft zögerlich und schüchtern ge-
hemmt, ja, verklemmt. Es gibt ja nicht nur diese
transbinär unheilige Dreifaltigkeit von Vulva-Weib,
Phallus-Kerl und unzähligsten Indulgenz-Diversen
samt *Queers* und *Dragqueens, Baubos und Transen,*
sondern die sich schamhaft versteckende Mehrheit
von Minderheiten der ...

... der exklusiven Exhibitionisten, Voyeuristen,
Sadisten, Masochisten, SM-Fixierten, Gay-Lords &
Gay-Sisters, Transvestiten, der erektil Dysfunktio-
nalen (mit präcox vorzeitigem, verzögertem oder
fehlendem Ejakulat), Infertilen, Vaginalfrigidinnen,
Viragos (Mannweibern), Varikozelen, Nymphoma-
nen, Fußfetischisten, Paraphilen, Pädophilen, Päde-
rasten, Koprophagen ("Kotfressern"), Nekrophilen

("Leichenfickern"), Noterophilen, ephebophob Gerontophilen, desinteressierten Dissexuellen, Frotteuren, Bondage-Tortouristen, Submissiven, LGBT-BDSM, Androgynen oder Misogynen, Kannibalen oder Eunuchen und singenden Kastraten. Alles dieses und manches mehr will gendergeschützt, gendergestützt und im Artenzoo entdiskriminiert keimfrei geredet werden. Raus aus den Rattenlöchern an die Genderscheinwerfer, es gibt viel zu tun, verpacken wir's endlich! Differenzieren wir die "petite différence" weiter, um sie weiter zu vergrößern!

Wird Gendern auf allen Sendern in allen Ländern etwas ändern an den losen Bändern zwischen den schlechten Geschlechtern in allen Gewändern nicht nur an den sozialen Rändern? *Gender-Merchandising* als *Call-out for Radical Chic of Cancel Culture*? Wo sind denn eigentlich die (str)engen Erzväter, die hier weggegendert werden sollen? Zu sehen in den Industrienationen sind doch nur Konform-Softies und ewige Halbstarke ...

Unterfertig(t)er hofft damit, diesem *Genderismo,* der etwas abgeschlafft scheint, ein paar neue Lebensimpulse verpasst zu haben. Dann wäre dieser bescheidene Versuch nicht ganz umsonst gewesen. Ich danke Ihnen für Ihre Unaufmerksamkeit.

Auseinandersätze mit Umsätzen:
Gesetze, Gestelle, Gelage

Sartre erwachte nie aus seinen Träumen,
aber träumte lebenslang vom Erwachen.

Sozialismus wurde eine Maschine
zur Befreiung von Maschinen.

Man *liebt* Habe und Gehabe,
glaubt ans Wissen und *hofft*
auf seine selige Ma(s)che.

Ich über alles und allem,
und du über mir und mich!

Es geht schon besser, wenn`s schlecht geht.

Werke. Die gewaltigsten Taten sind
gewalttätige Untaten von Untätigen.

Der gefürchtetste Angreifer jeder Gruppe
ist der Wegläufer und Austreter.

Jeder Hausbesitzer ist ein Hausbesetzer
eines Hausbesetzers.

Ich tu nix, also alles, was ich kann.
Ich tu wat, also was ich nicht kann.

Du fragst nach meiner Meinung. Sag sie mir!

Angreifen ist aus der Flucht geschlagen sein.

Wenn er mit einer Sau geht,
geht sie mit einem Schwein oder Esel.

Pandemische Sozialromantik. Man nimmt es
den künstlich Verarmten, die jeder vergisst,
und gibt es den bettelarmen Künstlern,
die eigentlich niemand vermisst.

Heiter und prall ist das Leben,
ernst und arm sei die Kunst.

Aphoristik : *Neueste Neophänomenologie
des Geistes* zwischen *Hegel* und *H. Schmitz.*

Jeder einzelne Gegenstand ist ein einseitiger Gegenstandpunkt, der den Gegner schon ständig in und an sich selbst haben muss, um sich auch nur ständig von ihm abstoßen zu können, und sich von ihm nur trennen muss, um sich selbst auch schon in ihn hinein vergegenständlichen zu können – laut *Hegel.*

Ist *Formale Logik* wirklich nur eine Bewusstseinsform, die sich ihrer eigenen Dialektik nur nicht bewusst ist und werden will?

Philosophie ist begriffliche Auslegung der Gnade, Wissenschaft vernimmt himmlische Gaben als „positivistische Gegebenheiten" und in Gnadenakten nur Daten von Fakten.

Norddeutsche *Hartz4*-Urlauber können nicht
mal mehr im Harz das Harz in den Bäumen
herzen, herzhaft quarzen und drauf farzen.

Ein Allgemeinbegriff vieler Einzelheiten
ist selbst etwas Einzelnes. Zählt die einzelne
Allgemeinheit selbst zu den Einzelheiten,
die darunterfallen? Nur als einzelnes Selbst-
bewusstsein, das sich all dieser Einzelheiten
bewusst ist *und* dieses Bewusstseins selbst.

Ständig ragen immer wieder Allzumensch-
liches und Außermenschliches ineinander,
ein stehender Wirbel.

Wer Rechnungsnummern schuldhaft
vertauscht, verdoppelt als unberechenbare
Nummer leicht seine Schulden.

Jeder Gedanke ist ein streichholzlanges Licht
in ewiger Nacht.

Ratio und Willkür fesseln einander.
Vernunft überwindet, Freiheit übertreibt.

Erwachte *Sartre* je aus seinen Träumereien?
Träumte er nicht lebenslang vom Erwach(s)en?

Gottvater hilft Mutter Natur, ihre Menschen-
kinder durch Lebensgewohnheiten ständig
über unbemerkte Abgründe hinwegzuheben.

Die Sinnlosigkeit der Frage nach dem *Sinn
des Lebens* ist einfach zu durchleben.

Er wollte nicht *ohne* sie zurück zu Lektüren,
die nur *mit* ihr Sinn machten, oder zu Lektüren
vor ihrer gemeinsamen Zeit.

Literaturwissenschaft kann nur auslegen,
wie Autoren sie reinlegen.

Alles für ungut, noch nichts für gut!

Selbstreflexion : Bonmots über Bonmots

Durch Gedichte und Aphorismen spricht nicht Gesellschaft, sondern ein Individuum *in* ihr *gegen* sie.

Der Eifer meines Lebens zielte auf ein System der Weltsicht wie auch auf eine Welt von Sentenzen, die dieses System zugleich stützen und stürzen.

Man tut sich gern wichtig mit dem Spruch,
man solle sich selbst nicht so wichtig nehmen.

Die längste Leitung hat der Leser
des kürzesten Spruchs.

Sprache, die sich immer kürzer fasst,
wird wieder Widersprüche voller Urteilchen.

Kann das Schlagen eines Schmetterlingsflügels
Katastrophen auslösen an fernsten Orten im All,
könnte auch ein kleiner Aphorismus ganze geistige
und gesellschaftliche Systeme verändern.

Mehr als die Summe seiner Sprüche ist der
Aphoristiker nur, solange er neue machen kann.

Aphorismus : Philosophische Post in poetischer
Flasche, irgendwo ins Tintenmeer geworfen.

Was für oder wider einen Aphorismus spricht,
kann zugleich wahr sein.

Aphorismen? Mein Gesichtskreis hat eben
nur unendlich viele Ecken und Kanten.

Alte Idee in alter Form : Sprichwort.
Neue Idee in alter Form : Philosophie. Neue
oder alte Idee in neuer Form : Aphorismus.

Ein aphoristischer Satz ist kein
zu scharf redigierter Aufsatz.

Der Aphoristiker gibt systematisch Übersicht
über alles, was der Systematiker übersieht.

Der Aphoristiker schiebt sein Scheitern und
Überholtsein hinaus, indem er neue schreibt.

Was gegen einen Aphorismus spricht, ist nur
ein besserer, nicht Wahrheit und Wirklichkeit.

Der Aphorismus gibt Klügeren selten nach.

Es bleibt selbst Sprücheklopfern unbekannt,
dass du ein unbekannter Aphoristiker bist.

Aphorismen sind nicht weise, sondern gerissen –
aus jedem gesellschaftlichen Zusammenhang.

Aphorismen sind kleine Sprüche,
die sich selten groß herumsprechen.

Erster Aphoristiker wird nicht schon,
wer überall sonst den Kürzeren zieht.

Warum es so wenige gute Aphorismen gibt?
Nur die schlechten halten, was die guten
versprechen: uns zu ärgern.

Ein Aphorismus ist gut, wenn weniger wehtut,
getroffen zu sein, als ihn nicht selber gefunden
zu haben.

Ein Schriftsteller ist ein Mensch, der aus dem Aphorismus, auf den er nicht kommt, ein Buch macht.

Aphorismen sind Gedankensplitter
im Kopf von Bürgerkriegsverletzten.

Nur Aphoristiker lesen gern schlechte Aphorismen.
Sie studieren Konkurrenten.

Warum Aphorismen? Lapi-darum.
Sie verkürzen nichts, ihre Gegner langweilen.

Meine Aphorismen sind aus der Luft gegriffen,
die meine Gegner für mich sind und in die ich gehe.

Einfallbeil. Wenn ein Aphorismenleser nickt
oder den Kopf schüttelt, fällt der herunter.

Aphoristiker ist, wer den Gedankensplitter
im Holzkopf seines Nächsten sieht.

Ratio in kleinsten Rationen. Ein Aphorismus ist ein
Auseinandersatz, der viele Worte verliert : die kürzeste Verbindung zwischen zwei Verstandpunkten.

Je besser Aphorismen sind, sagen ihre Gegner,
desto falscher.

Auch Aphoristiker sind engagiert:
Einsatz in einem Satz (für den nächsten).

Deutsche lesen nicht. Schon ein Aphorismus
lenkt sie zu lange von sich ab.

Das beste Buch ist ein schlechter Ersatz
für ein Bonmot oder einen guten Satz.

Gut ist ein Aphorismus, der die Leser entmutigt,
selber welche zu schreiben.

Ein schlechtes Buch ist schneller geschrieben
als ein guter Aphorismus.

Mit Aphorismen gegen alle -Ismen!

Aphorismen sind Mikroprozessoren,
die Geistesarbeitsplätze vernichten sollen.

Feile an Aphorismen die Gitterstäbe durch!

Was philosophische Aphorismen zum System verbindet, ist sophistischer Mörtel; was philosophische
Systeme sprengt, ist aphoristische Sophistik.

Der Aphoristiker opfert einen Witz nur einer Sache,
die er dem Witz an der Sache opfern kann.

Aphorismen sind verbindlich, weil sie unverbunden
sind : Sie trennt, dass jeder Getrenntes verbindet,
und sie verbindet, dass jeder Bande zertrennt.

Aphorismus – *mit einem Satz ins Freie:* Hochsprung
oder Weitsprung, Ur-Sprung oder Vorsprung?

Jeder Aphorismus fällt dem anderen ins Wort und
in den Arm. Sie begegnen und entgegnen einander,
bevor sie Monologe werden.

Das beste geistige Band dieser zerfallenen Zeit:
ein Aphorismenbändchen.

Aphoristiker gehen mit Dichtern und Denkern
um und umgehen sie.

Aphoristiker nennen die Undinge beim Spitznamen.

Ein Aphorismenband fügt sich sprachlich
zusammen aus genügend vielen Scheidungspaaren
und zerfällt in beliebig viele Liebespaare.

Traum der Aphorismen : Dass der Zensor
sie noch hundert Jahre später passieren lässt
aus Unverständnis oder Angst vor ihnen.

Aphorismen : Angriffswaffen, die uns
verteidigen können, da wir sie nicht verteidigen
müssen. Wer nicht den Kürzeren zieht, langweilt.

Aphorismen wollen den Geist von Sozialsystemen
sprengen und den von Sonnensystemen spiegeln.

Die Bandbreite aller Aphoristiker liegt darin,
wie viel Dichter im Denker und wie viel Denker
im Dichter steckt.

Adhortationsformel : Lass dich von Aphorismen
zu nichts ermahnen!

Aphorismen geben Lesern die Illusion,
Wissenschaft und eigenes Denken
längst hinter sich zu haben.

Der Aphorismus kommt bald zum Schluss,
nicht der Aphorismenband und Aphoristiker,

Die Aphorismen dieses Bandes verbindet nicht
mehr als die Dinge dieser Welt – die Tatsache,
welche zu sein und denselben Schöpfer zu haben.

Bisher bestätigten nur Ausnahmen die Regel,
dass gute Philosophen und Aphoristiker keine
Monatsregel haben.

Aphoristik : Pluralismus von Meinungen,
die (sich) nichts zu sagen haben.

Aphorismen hoffen, dass Splitter haltbarer sind
als Glashäuser und Scherben.

Ein System ist die Ausnahme, die den Aphorismus
regelmäßig bestätigt : Er gehört nicht zum Ganzen,
das er umfasst, und enthält doch das Ganze,
dem er angehört.

Ein Aphoristiker, der nicht wenigstens einmal im
Leben ein komplettes System sich ausdenken kann,
hat eine *déformation professionelle* und sollte
Aphorismen richtiger Systematiker herausfordern.

Wer weder Dichter noch Denker noch Täter ist,
vereint alle drei im Aphoristiker.

Welcher Aphorismus ist in Hegels spekulativem
System gut *aufgehoben*?

Aphorismen zur Naseweisheit riechen
den Satansbraten im Engelsrock.

Eine gute Idee ist ein nicht gut genug ausgedrückter
Aphorismus.

Aphoristiker bekämpfen stets den (antiken)
Aphorismus : „Wir haben das Meer gepflügt.“

Aphoristiker übertreiben doppelt,
um Halbwahrscheinlichkeit zu erzeugen.

Der Aphorismus, das große Ganze im letzten Ur-
Teil, der größte Unsinn im kleinsten ZuSatz,
macht uns kein Nix für ein Nu vor.

Ein Aphorismus, der auch seine guten Seiten hat,
heißt Essay.

Im Aphorismus werden mindestens drei Aufsätze
ausgearbeitet zu *einem* Satz über Autor und Leser
(hinweg).

Chaostheorie : Ein Aphorismus ist der Schmetter-
ling, dessen Flügelschlag die ganze Geisteswelt
umweltsen will.

Philosophen bringen System in Aphorismen,
die Unordnung in ihr System bringen.

Kurzer Rede lebenslanger Unsinn. Der Aphorismus
hat ein Spielbein und ein Verstandbein und steht fest
mit beiden neben dem Geistesleben.

Aphorismen sind keine Sprichwörter,
aber schützen vor Volksmundfäule.

Auch der Aphoristiker muss (uns) nun schon immer
kürzer treten.

Noch kürzer und treffender als Aphorismen
ist nur ein Machtwort. (Gibt es dafür Kleinkunst-
wettbewerbe?)

So wenig wie ein Aphorismus kann immer noch
viel zu viel Geschwätz sein.

Mach kein Buch aus dem Aphorismus,
der dir nicht einfällt.

Ein Aphorismus begründet sich durch seine Form.

Der Druck der Wirklichkeit presst den Geist
zu Aphorismen zusammen.

Ein Aphorismus ist ein ganzes Streitgespräch
in *einem* Schlusssatz.

Aphorismen sind Bonmots,
die einem erst nach der Party einfallen.

Aphoristik. Auch im geistigen Raum besteht Gerad-
linigkeit aus potenziell unendlich vielen Pointen.

Der Aphoristiker kann keinen Satz schreiben,
ohne eine Bibliothek zu ersetzen.

Kurzgeschichten sind zu lang(weilig)e Aphorismen.

Ein Satz zu viel ist oft ein Aphorismus zu wenig.
Er macht Kostenloses kostbar und billigt selten,
was uns teuer ist.

Aphoristiker fliehen in schnellen Sätzen
vor Kopfjägern.

Der Aphoristiker sagt ein letztes Wort
nach dem andern.

Was der Aphorismus uns sagt,
bleibt sein Geheimnis.

Macht die Welt eintausend Schritte voran
ins Paradies, macht der Aphoristiker einen Satz
zurück ins Freie.

Wer sein Weltbild fertig hat,
schreibe Aphorismen dagegen.

Der Aphoristiker, ein Fürsprecher der Widersprüche, macht größere Sprünge in kleineren Sätzen.

Der deutsche Leser übersetzt den aphoristischen
Satz zurück in den ganzen Aufsatz, den er ersetzt.

Aphoristiker sind reine Theoretiker. Sie führen ja
praktisch nicht weiter aus, was sie ausdrücken.

Aphorismenbände mit Illustrationen
sind wie Fahrräder mit Nachtisch.

Aus den vielen Worten, die der Aphorismus verliert,
werden ganze Romane gemacht.

Aphorismen sollten kürzer sein
als Kunst und Leben.

Verkettet und vernetzt? Aphorismen reißen
in Stücke, was andere in Zusammenhänge rissen.

Es gibt keine guten Aphorismen. Sie brächten für
einige Minuten das Geschwätz zum Verstummen.

Der Aphoristiker ist ein Herr, der sich kurzfassen
kann, oder ein Knecht, der sich kurzfassen muss.
Aphorismen sind weder Anfänge noch Reste.

Wie viele mittelalterliche Schutzengel haben
Platz(angst) auf einer aphoristischen Spitze?

Der Aphoristiker verwickelt sich in dem Wider-
Spruch, den er hervorrufen will.

Zu viele Aphoristiker machen wenig Worte,
doch zu viele Aphorismen.

Ihr Lieben alle diktiert mir
meine liebsten Aphorismen, danke!

Für Aphoristiker formulieren die meisten Menschen
zu unterspitzt.

Aphoristiker halten sich nicht auf
bei ganzen Romanen.

Dem Aphoristiker fällt zu Binsenwahrheiten
noch Originelles ein, nicht zum Sonderbarsten
noch eine Phrase.

Ein *guter* Aphorismus ist nie zu *wahr*,
um *schön* zu tun.

Spricht dein Aphorismus, kommst du nicht zu Wort.

Ein Volk der Dichter *und* Denker
wäre ein Volk von Aphoristikern.

Nur Aphoristiker sind nicht zu faul,
uns weniger als drei Sätze zu schreiben.

Aphorismus : Ein Satz übers Leben
will es überleben.

Für Aphoristiker spricht nichts gegen Widersprüche.

Aphorismus : Mit Spitze gegen die an der Spitze.

Aphoristiker üben erst mit Essays.

Aphorismen weisen schlagende Beweise ab.
(Gut begründen lässt sich schließlich fast alles.)

Die Position des Aphorismus bleibt die Negation.

Aphorismen sind Regeln, denen die Ausnahmen
von den Regeln folgen. Sie sind nie Sätze
zwischen den Gegensätzen.

Nichts ist so groß, das sich nicht in einen
Aphorismus zusammenfassen, und nichts so klein,
das sich nicht zu einer Bibliothek auswalzen lässt.

Aphoristiker sind kurzatmig, und den längsten Atem
haben Aphorismenbände, doch Gnomiker haben
von allen Autoren die meiste Zeit.

Aphoristische *Form* ist Zuckerguss,
der bitteren Pillenwirk*stoff* versüßt.

Wer und was zerschneidet das Band
zwischen den Aphorismen eines Bandes?

Ich teile eure Meinungen, aber in mehr Aphorismen.

Dialektiker *Hegel* brachte System in den Geist,
Aphoristiker *Schlegel* Esprit ins System.

Aphoristiker haben keine Zeit, nicht zu schreiben
oder nur wahre Dinge zu schreiben.

Aphorismus : Vorsätzliche Auseinandersetzung
in *einem* Schlusssatz.

Auch kleinste Aphorismen sind *Superstrings*,
die sich vielleicht erst künftig oder nie
falsifizierbar formulieren lassen.

Systeme und ihre Kritiker leben voneinander zu gut,
Aphoristiker und ihre Leser entschieden zu schlecht.

Der Aphorismus ringt intellektuell um die Fassung,
die er emotional verliert.

Von Hegel und Regel zu Schlegel und Flegel?

Die ergiebigsten aphoristischen *Saillies*, „maximes et réflexions" sah *Hegel* in Diderots „Enzyklopädie" gut „aufgehoben". „Indem nun das ruhig auffassende Bewusstsein von diesem ganzen geistreichen Geschwätze der Eitelkeit die treffendsten und die Sache durchschneidenden Fassungen in eine Sammlung bringt, geht ... die Eitelkeit des geistreichen Beurteilens zu Grunde. Die Sammlung zeigt den meisten einen bessern, oder allen wenigstens einen vielfachern Witz, als der ihrige ist ..." (Hegel: „Phänomenologie des Geistes", Berlin 1973, S. 303)

„Nicht die Sache ist das Vortreffliche, sondern ich bin der Vortreffliche und bin der Meister über das Gesetz und die Sache, der damit, als mit seinem Belieben nur spielt, und in diesem ironischen Bewusstsein, in welchem Ich das Höchste untergehen lasse, nur mich genieße." („Grundlinien der Philosophie des Rechts", § 140e). „Aber das Höchste, das zu überwinden wäre, wäre gerade diese Freiheit, dieser Tod selbst" in *Fr. Schlegels* „Selbstschöpfung und

Selbstvernichtung". *H. Schmitz* vermutet ganz zu Recht, dass „diese Auseinandersetzung mit der rezessiven Entfremdung der Subjektivität bei Fichte und den Frühromantikern für Hegel eine treibende Kraft der Entwicklung seiner Denkweise gewesen ist." („Der Weg der europäischen Philosophie" II., Freiburg / München 2007, S. 486).

Freie Subjektivität menschlicher Vernunft darf bei Hegel nicht bis zur willkürlichen Beliebigkeit und „bösartigen Frivolität" von Schlegels frühromantischer Einbildungskraft gehen, die sich aus jeder investierten Substanz auch immer wieder zurückziehen kann in ihre präpotente Selbstherrlichkeit ohne alle Selbstbeherrschung, ohne ihr nur wie bei Kant das Prüfsiegel vernünftiger Selbstbestimmtheit aufzuprägen.

Hegels Vernunftsystem kann zwar die Natur als objektives „Anderssein des Geistes" „frei aus sich entlassen", ohne befürchten zu müssen, jemals vom Befremdlichen ihrer chemischen, physikalischen und biologischen Fakten jemals widerlegt werden zu können, aber neben der grünen nicht auch die menschliche Natur im subjektiven Anderssein des nur Geistreichen:

Die Kluft zwischen Geist und Natur ist vom Geist immer schon in der begriffenen Idee gut *aufgehoben,* nicht aber der Abgrund zwischen absolutem Geist und geistreicher Imagination der aphoristischen Moralisten vom Schlage des „verrückten" Novalis. Kunst endet bei Hegel in der frühromantischen Renovierung des Mittelalters. Die französischen Aufklärungsmaximen bis Chamfort kann er noch panlogisch integrieren, aber nicht mehr Schlegels fragmentierte „Chamfortaden". Der romantische Ironismus ist für ihn der Tod und Selbstmord aller subjektphilosophisch frei rekonstruierten Substanzialitäten der selbstgesetzgebenden Vernunft. Weit schlimmer ist ihm die destruktive Abstraktivität als die produktivere Kreativität dieser Einbildungswillkür, die sich in Selbstobjektivierungen gern entfremden soll und darf. Die Selbstentfremdung der Subjektivität in der objektiven Natur geht ihm weniger zu weit als die Selbstentfremdung in die ironistische Selbstherrlichkeit der böswillig frivolen Aphorismen hinein.

Mit Verstand und Vernunft

Die meisten Menschen haben gar nicht
den bloßen Verstand, den sie verachten.

Gesunder Menschenverstand
ist die dichterische Freiheit nüchterner Menschen.

Aus Verzweiflung über zu wenig Verstand
hat sich noch niemand umgebracht.

Niemand hat so viel Verstand zu verlieren,
dass dafür die Lebenszeit nicht ausreichte.

Der Fromme genießt seinen Verstand,
von diesem auf einen höheren zu schließen.

Auch Köpfe kommen schon wieder vor —
das Verstandgericht.

Jeder braucht wenigstens so viel Verstand,
ihn bei sich selbst zu vermissen.

Dein Verstand ist nur so groß wie dein Verständnis
für meinen.

Anständiger Abstand vom Gegenstand ist Verstand
oder Wohlstand oder Ruhestand.

Der kleinste Aphorismus, Ratio in größter Ration,
ist die kürzeste Verbindung zwischen zwei diversen
Verstandpunkten.

Warum gibt es Stimmungen und Gefühle,
aber keine Verstände und Vernünfte?

Wunder sind jene Selbstverständlichkeiten,
die die Wunder der Natur aufheben.

Humanisten hoffen nur noch auf die Zeit,
wo Roboter wegrationalisiert sein werden.

Wenn die mediterrane Ratio weg ist,
fängt die deutsche Gemythlichkeit richtig an.

Auch Irrationalisten denken,
aber viel zu hoch von ihren tiefen Gefühlen.

Die Abwehr der niederen Kräfte und unteren
Schichten wird von Neurotikern rationalisiert
und von Politikern nationalisiert.

Der neue Irrationalismus : *mundus vult anticoncipi.*

Definition der Psychoanalyse:
homo est animal rationalisans.

Auch Rationalisten sind unvernünftig,
nur eben auf die denkbar unvernünftigste Weise.

Intellektuelle sind Leute, die Leute dazu überreden,
sich von keinen Leuten zu nichts überreden zu lassen.

Kein Arbeiter kann Bücher so verachten
wie ein Intellektueller.

Es ist nicht jeder ein Intellektueller,
der sich aus seiner Materie herauskniet.

Intellektuelle klären nur noch darüber auf,
warum keine Aufklärung mehr möglich ist.

Auch wache Intellektuelle sind gefesselt
an ihre Bewacher : Mit Kopfschellen.

Der wirkliche Intellektuelle verwirklicht
seine Ideen, er handelt — mit ihnen.

Praxis : Intellektuelles Reizwort zur Verunglimp-
fung intellektueller Tätigkeit durch Intellektuelle.

Der Mensch hat weniger Instinkt
als das Tier Intelligenz.

Auch Intellektuelle sind Wüteriche,
alles bringt sie auf — Ideen.

Wer nicht handwerken und schießen,
nicht lesen und schreiben, reden und rechnen kann,
ist noch kein Intellektueller.

Wer Landkarten Landschaften vorzieht,
noch kein Intellektueller.

Intelligenz ist Intuition in Zeitlupe, und Intuition
ist die Allwissenheitsquelle der geistig Armen.

Wer dessen Grenzen sieht,
muss nicht zu viel Intellekt haben.

Mut und Verstand lassen sich nur schwer
vortäuschen. Verständnis und Demut finden
deshalb mehr Verständnis.

Das Unverständliche an der Welt sieht allein der
Verstand, doch das Durchschaubare am Kosmos
wird eher übermutig vermutet.

Wer nur seinen Verstand verloren hat, ist noch nicht
so verrückt wie einer, der nur seinen Verstand noch
nicht verloren hat.

Wer hat mehr Verstand,
als ihn bei sich nicht zu vermissen?

Verstand hat, wer mit jeder praktischen Lösung
seine Probleme hat.

Man treibt Unzucht, um nichts als den Verstand
zu verlieren, und Mathematik, um alles außer
dem Verstand zu verlieren.

Man will von dir verstanden werden
und fürchtet deinen Verstand.

Der scharfe Verstand rebelliert gegen die Vernunft
wie Sinnlichkeit gegen Verstand.

Es ist typisch Intellektueller (wie Reaktionär,
Spießer oder Deutscher), keiner sein zu wollen.

Im gesunden Körper ist der Geist eine Krankheit
wie im *gesunden Menschenverstand*.

Phantasie erfindet die Vergangenheit,
Verstand erklärt die Zukunft.

Etwas verstehen heißt nicht verstehen,
warum man dafür Verständnis hat.

Unbegreiflich, dass manches doch verständlich ist!

GUT. *Every theory of everything* müsste
selbstverständlich auch sich selbst verstehen –
ohne weitere (Meta-)Theorie.

Der eine versteht Erklärungen,
der andere erklärt dies Verständnis.

Große Kunst ist so selbstverständlich banal
wie un- und missverständlich dunkel.

Intellektuelle sind kein Teil der Gesellschaft.
Sie sind schon Individuen.

Lässt sich Mutter Natur samt purer Intelligenz
aus Quarks, Neutrinos und Gluonen zusammen-
betteln?

Wer materiell so anspruchslos wäre
wie intellektuell, hätte nicht mehr Güter als Güte.

Schach dem Schach. Es zeugt nicht von Intelligenz,
sie an Spiele zu verschwenden.

Wer nicht intellektuell genug ist,
ist auch nicht sinnlich genug.

Intelligent wirkst du, wenn deine Dummheiten
ansteckend wirken.

Der Intellekt entsteht im Affekt und gegen ihn.

Es ist unvernünftig, die Ratio überall
oder nirgends zu wünschen.

Heute will jedes *Animal rationale* gerade noch
eine *Ratio animalis* haben.

Gewinn und Verlust rationalisieren
Lust und Leiden(schaft).

Aufklärung macht rationale Entmythologisierung
zu a(nti)theistischem Mythos.

Wer seine Verdrängungen rationalisiert,
verdrängt auch seine Vernunft.

Wo sind Nacht und Wahnsinn besser aufgehoben
als bei reinen Rationalisten?

Wie kann man Irre zur Vernunft bringen, ohne ins
Irrenhaus zu kommen, und wie Vernunft realisieren,
ohne sie zu rationalisieren?

Sei klüger als dein IQ und nicht so schlau
wie dein Irrationalismus!

Den Verstand, den man über nichts verliert,
hat man schon verloren.

Was vermag Vernunft gegen Rationalisierung?

Ich suche Vernunft und fliehe Rationalisten.

KI oder k.o.? *Künstliche Intelligenz* ist noch
so blöd, dass sie uns nur stupideste Routinejobs
abnehmen und nicht mal einen dummen Spruch
wie diesen gegen sie erfinden kann.

Ein Individuum ist so selten
wie intelligente Originalität.

Wer einen Vogel hat,
hat auch Vogelschwarmintelligenz.

Kants Vernunft sprach viel von *Erfahrung,*
weil er wenig erlebte.

Vernunft gilt als intelligenteste Form der Angst.

Mit dem *Licht der Vernunft* kommt noch
keine frische Luft durch geschlossene Fenster.

Erleuchtung verdunkelt das *Licht der Vernunft*.

Hab so viel Vernunft, auf meine nicht zu zählen!

Um ganz Vernunft anzunehmen, muss man
schon halb Herz, halb Verstand verlieren.

Bediene dich deiner eigenen Gefühle, doch
lass dich von deinem Verstand beherrschen.

Ganz verstehst du erst das,
worauf du dich nicht mehr verstehst.

Ich verstehe von mir so viel
wie ein Stein von Geologie.

Vernunft ist *ultima ratio* der rationellsten Verfahren.

Auch ein *Kant* rechnete mit dem Menschen:
Sein Verstand integriert,
was seine Sinne differenzieren.

Verständnis hat man nur für Unverstandenes.

Der Verstand ist so vernünftig, Wahrnehmungen
wahrlich nicht für Wahrheiten zu nehmen.

Unser Verstand hat nur die Grenze,
sich keine zu setzen.

Die Künstliche Intelligenz der Roboter braucht
erstaunlich lange, uns die natürliche Dummheit
abzunehmen.

Das *Licht der Vernunft* verfinstert alle Mienen.

Wer zur Vernunft kommt, kommt noch nicht
zur Sache, zu sich oder zu Bewusstsein.

Phantasielosen dünkt Vernunft
etwas Phantastisches.

Das *Licht der Vernunft* ward finsterstes Mittelalter:
Einst war man blind, nun ist man verblendet.

Ganz Aufgeklärte nennen das *Licht der Vernunft*
eine optische Täuschung.

Dass Vernunft mal Triebe steuert,
gilt als triebgesteuert.

Der Mensch ist das „vernunftbegabte Tier", heißt es,
aber ist die Vernunft auch menschenbegabt?

Das Licht der Welt erhellt,
das Licht der Vernunft wärmt.

Erst sind Liebende so vernünftig, verrückt
nacheinander zu sein, und dann so verrückt,
Vernunftehen zu schließen.

Vernunft ist Zügelung des Egoismus aus Egoismus.

Vernunft nennen wir den Stolz auf alles,
was uns einfach nur schwerfällt.

Sieg der Vernunft? Vernunft der Sieger (über sie).
Vernunft ist Ergebnis ganz zwangloser Einigung
von Vernehmern und Vernommenen.

Der Mensch ist nun jenes Wesen, das sich
seine Vernunftbegabung selbst nicht glaubt.

Und die Sache mit dem *Licht der Vernunft*?
Geht gut aus.

Alle Aufklärung ist sexuelle Aufklärung darüber,
wie Untermenschen gemacht und in die Unterwelt
gesetzt werden, um das Licht der Welt und
der Vernunft nicht zu erblicken.

Wer nichts sieht, muss nicht geblendet sein
vom *Licht der Vernunft*.

Die Vernunft warnt uns davor, immer zu vernünftig
zu sein. Keine Leidenschaft aber warnt uns davor,
zu unvernünftig zu sein.

Vernunft war einst für wenige und Offenbarung
für alle. Heute gibt es die Unvernunft aller
und die Selbstoffenbarung einiger weniger.

Nur die Leidenschaft für leidenschaftslose Vernunft
geht mit den Philosophen nicht mehr durch.

Wieviel Irrsinn ist noch vernünftig, und
wieviel Kosmos verträgt das Chaos noch?

Freiheit wächst mit der Leinenlänge. Es gibt
so viele Vernünfte und Verstände wie Menschen.

Glaube ist ohne Vernunft nur Aberglaube,
als reine Vernunft aber kein Glaube.

Autorität ist nicht vernünftig,
weil sie autoritär ist, doch Vernunft
ist Autorität, weil sie vernünftig ist.

Kleinere Vernunft der Schlauheit verschlingt
größeren Verstand der Weisheit.

UV-Licht ist uns so unsichtbar wie das Licht
der Vernunft, macht uns aber ansehnlicher.

Seid so vernünftig, verrückt zu spielen,
und so irre, Vernunft anzunehmen!

Bei Licht der Vernunft besehen ist es längst aus.

Wer sich dabei noch etwas vorstellen kann, kann
noch gar nichts verstanden und begriffen haben.

Auf Verstandesämtern scheiden sich die Geister.

Handeln ist der Verstand der Narren
und Nichtstun die Berufung des Geistes.

Kinderquatsch ist die Sehnsucht
von allem Sinn und Verstand.

Man versteht es, sich und einander
ohne Verstand zu verstehen, einverstanden?

Dummheit hat eine *Weltanschauung*,
Menschenverstand eine Philosophie.

Bürgerkunst adelte Bauer, Hirt und Arbeiter,
aber nie Intellektuelle und Stubengelehrte.

Intellekt mischt Instinkte vernünftig.

Intellekt experimentiert intelligent mit Gefühlen,
Theorie experimentiert praktisch mit sich selbst.

Intellektuelle erleiden stets neue Schnapsideen.

Erkenntnis : Vernünftige Wahr-nehmung einer an-
nehmbaren Eingebung von unangenehmen „Daten“.

Übersicht. Was du siehst, macht dich verrückt,
und was du übersiehst, vernünftig.

Ist es folgerichtig, logisch zu denken,
oder vernünftig, Vernunft anzunehmen von dir
und den Verstand zu verlieren wie ein Spiel?

Verstand und Vernunft des Feinsinnigen fallen anders aus als die des Tatmenschen, und Gefühle tref-
fen den Gebildeten anders als das schlichte Gemüt.

Irre glauben an annehmbare Vernunft,
Vernunftbegabte an schönen Wahnsinn.

Das Licht der Vernunft wird das Licht der Welt
eher verdunkeln als spiegeln.

Auf Nichtdenker wirkte das 20. Jh. nur durch volun-
taristische Irrationalisten wie Bloch, Heidegger,
Sartre, und der Rationalist Husserl beeinflusste
bloß existenzielle Vernunftskeptiker wie Scheler,
Heidegger, Sartre, Merleau-Ponty, H. Schmitz etc.

Irrenhäuser sind voll von messerscharf schließenden
Logikern, die ihren Unverstand verloren haben
und keine Unvernunft annehmen wollen.

Vernunft : Kleinster gemeinsamer Nenner
zwischen verfeindeten Arten von Verrückten.

Das Verbot ist eine Vernunft,
die nicht an sich glaubt.

Vernunft nehmen alle an, die volles Verständnis
dafür haben, ihren halben Verstand mal zu verlieren.

Deine Vernunft nimmt nicht für wahr, was sie
wahrnimmt, sondern deiner Vernehmung entnimmt.

Wer den Glauben aufgibt, behält keine Vernunft
übrig oder den Glauben daran.

Vernunft ist der Tic, Andersdenkende
als die Irr(ationalist)en wahrzunehmen.

Der Affe in dir kränkt keine Vernunft,
sondern schmeichelt der Vitalität.

Ohne Geist wird pure Vernunft die Luftbrücke
zwischen Irrtum und Irrsinn.

Eine Arbeit und Vernunft annehmen ist heute eins.

Wer Vernunft und Verstand bevorzugt,
sollte sich fragen, ob es damit gegen das Gefühl
oder wider den Glauben geht.

Sogar dein Glück kann eine List
der Machtvernunft sein.

Die Vernunft hat zu vernehmen, dass Gedanken,
die sie sich macht, einer – zuweilen vergifteten –
Gabe der Natur sich verdanken.

Niemanden zur Staatsraison zu bringen,
ist im Rechtsstaat irrational.

Der menschlichen Vernunft ist die Gabe
gegeben, sich selbst zu nehmen, was sie sich
an Daten nicht geben lässt.

Machthunger und Freiheitsdurst setzen jeden
auf halbe Ratio.

Aus wahrem Sein hinter schönem Schein
wurde das Verdrängte
hinter den Rationalisierungen.

Animal rationale : Schlauer Fuchs, aufgeklärter
Lastesel, durchtriebene Triebkraft, animalische
Wurzeln oder rationalisierte Tierhaltung?

Jeder, der sich klug findet, ist dumm,
doch nicht jeder, der sich für dumm hält
oder verkaufen lässt, schon intelligent.

Wer keine hochmoralischen Konflikte austrägt,
kultiviert keinen tiefen Sinn und Verstand.

Wer sich für dumm hält und darunter leidet, ist deshalb noch nicht intelligent, aber handzahm dämlich
ist, wer sich für klüger hält als schlaue Füchse.

Jeder muss klug genug sein, die Lebensbedingungen
zu schaffen, an die seine Intelligenz sich anpassen
kann.

Es war viel Intelligenz nötig, um Maschinen
zu entwickeln, die sie überflüssig machen.

Das dümmste Groupie und Herdentier
schwärmt nun von seiner *Schwarmintelligenz.*

Dummkopf : Subjekt, das objektiv nach Intellekt
statt effektiv nach Affekt urteilt.

Wir müssen intelligenter sein als die Natur,
um etwas von ihr erkennen zu können,
doch in ihr steckt mehr Intelligenz versteckt,
als wir von ihr erkennen können.

Naturforscher fahnden nach letzten materiellen
Ursachen aller Phänomene, als wäre die fassbare
Materie letztlich nicht mysteriöser als eine un-
fassbare Intelligenz …

Darwin? Im Kampf ums Dasein siegt eher
die Intelligenz, die ihm ausweicht.

Sekundärliteratur zum Aphorismus

Gerhard Neumann (Hg.): „Der Aphorismus.
Zur Geschichte, zu den Formen und Möglichkeiten
einer literarischen Gattung", Darmstadt 1976

„Ideenparadiese. Untersuchungen zur Aphoristik
von Lichtenberg, Novalis, Friedrich Schlegel und
Goethe", München 1976

Peter Krupka: „Der polnische Aphorismus",
München 1976

Hans Peter Balmer; „Philosophie der menschlichen
Dinge. Die europäische Moralistik", Bern 1981

Harald Fricke: „Aphorismus", Stuttgart 1984

Gisela Febel: „Aphoristik in Deutschland und
Frankreich", Frankfurt/Main 1985

Klaus von Welser: "Die Sprache des Aphorismus",
Frankfurt/M. 1986

Heinz Krüger: „Über den Aphorismus
als philosophische Form", Frankfurt/M. 1988

Werner Helmich: „Der moderne französische
Aphorismus", Tübingen 1991

Stefan Fedler: „Der Aphorismus. Begriffsspiel zwischen Philosophie und Poesie", Stuttgart 1992

Paul Geyer / Roland Hagenbüchle: „Das Paradox", Tübingen 1992, Würzburg 2002²

Thomas Stölzel: „Rohe und polierte Gedanken. Studien zur Wirkungsweise aphoristischer Texte", Freiburg 1998

Lada Lubimova: „Struktur und Funktion des Aphorismus : eine textlinguistische Studie", Bremen 1998

Robert Zimmer: „Die europäischen Moralisten", Hamburg 1999

Michael Esders: „Begriffs-Gesten. Philosophie als Kurze Prosa von Friedrich Schlegel bis Adorno", Frankfurt/Main 2000

Rüdiger Zymner: „Aphorismus", In: Kleine literarische Formen in Einzeldarstellungen, Stuttgart 2002

Friedemann Spicker: „Kurze Geschichte des deutschen Aphorismus", Tübingen 2007

„Die Welt ist voller Sprüche. Große Aphoristiker im Porträt", Bochum 2010

Rolf Friedrich Schuett : „Aphorismus – Philosophischer Gehalt in literarischer Gestalt", 2019

Aphoristische Themenbände des Autors

„Frauen, Freiheit, Liebe und Proleten"

„Lesen und Schreiben, Denken, Bildung,
Fortschritt, Geschichte und Alter"

„Psychologen, Soziologen und Ästheten"

„Natur, Gesundheit, Glück und Philosophie"

„Arm und Reich in Recht und Freiheit"

„Wissenschaft, Moral(ismus und Lebenslust"

„Der Mensch als Herr und Knecht,
Traum, Geist und Revolte"

„Neuer Cherubinischer Wandersmann –
Laienbrevier voll himmlischer Spruchweisheit"